我的世界攻略

农牧饮食

杨亦凯·编著

电子工业出版社
Publishing House of Electronics Industry
北京·BEIJING

未经许可，不得以任何方式复制或抄袭本书之部分或全部内容。
版权所有，侵权必究。

图书在版编目（CIP）数据

我的世界攻略. 农牧饮食 / 杨亦凯编著. -- 北京：电子工业出版社, 2024.3
ISBN 978-7-121-46429-4

Ⅰ.①我… Ⅱ.①杨… Ⅲ.①网络游戏-介绍 Ⅳ.①G898.3

中国国家版本馆CIP数据核字(2023)第183425号

责任编辑：赵英华
印　　刷：天津市银博印刷集团有限公司
装　　订：天津市银博印刷集团有限公司
出版发行：电子工业出版社
　　　　　北京市海淀区万寿路173信箱　　邮编：100036
开　　本：720×1000　1/16　印张：29.25　字数：655.2千字
版　　次：2024年3月第1版
印　　次：2024年3月第1次印刷
定　　价：168.00元（全4册）

凡所购买电子工业出版社图书有缺损问题，请向购买书店调换。若书店售缺，请与本社发行部联系，联系及邮购电话：(010) 88254888、88258888。
质量投诉请发邮件至zlts@phei.com.cn，盗版侵权举报请发邮件至dbqq@phei.com.cn。
本书咨询联系方式：(010) 88254161~88254167转1897。

目录

强大的胃:食物系统 ⋯ **06**
01 饥饿机制 ⋯ **08**
02 食物图鉴 ⋯ **10**

耕种时间到:农耕指南 ⋯ **22**
01 农作物种植 ⋯ **24**
02 南瓜和西瓜种植 ⋯ **32**
03 甘蔗种植 ⋯ **36**
04 其他作物介绍 ⋯ **38**

繁衍生息：畜牧指南 ⋯ **46**
01 牲畜养殖 ⋯ **48**
02 繁殖 ⋯ **66**

本地酿造厂：药水制造 ⋯ **84**
01 酿造机制 ⋯ **86**
02 药水大全 ⋯ **88**

附录 A 进度与成就 ⋯ **92**

强大的胃：食物系统

导言

在《我的世界》中，饥饿度代表了一个玩家的进食需求，进行各种活动都需要消耗饥饿值。随着饥饿值的消耗，玩家会停止自动恢复生命，无法疾跑，最终失去生命。获取食物对玩家的生存至关重要。

01 饥饿机制

饥饿值是直接显示在平视显示器上的重要资源。玩家的饥饿值是一个0～20的值，会显示总共10个不同程度填充的鸡腿图标。在饥饿条中，每只完整的鸡腿🍗表示2点饥饿值，每只不完整的鸡腿🍗表示1点饥饿值。

饱和度是一个隐藏的食物变量，这个变量的值是无法高于饥饿值的，其取值范围也是0～20。尽管不能被直接观测，但当饱和度耗尽时，饥饿条会出现周期性的抖动。

饥饿等级是一个0～4的值，在玩家进行活动时，饥饿等级会持续增加。当饥饿等级达到4时，若玩家的饱和度高于0，则消耗1点饱和度（即使剩余饱和度不足1点），否则消耗1点饥饿值。

通过进食获取饥饿值是玩家恢复生命值的主要方式。当饥饿值在20且仍有饱和度时，玩家会迅速地恢复生命值。当饥饿值在18或更高时，生命值将每4秒恢复1点。玩家在生命值不足时便可以通过进食来恢复生命值，而紧急情况下持续进食也可以快速恢复大量生命值。

若玩家长时间进行活动而不进食，随着饥饿值的下降，会开始产生负面效果。当饥饿值在17或更低时，玩家的生命值不会自行恢复。当饥饿值在6或更低时，玩家将不能进行疾跑。一旦饥饿值被完全耗尽，玩家的生命值将会以每4秒1点的速度持续减少，并导致玩家不能睡觉。在不同难度下，因饥饿而导致的生命值下降有不同的下限，在简单难度下为10，在普通难度下为1，而在困难难度下则没有下限——玩家会因饥饿伤害而死亡。

饥饿是一个由多个变量控制的系统，其中包括饥饿值、饱和度和饥饿等级。

02 食物图鉴

每一种食物都能恢复饥饿值和饱和度。食物的一项基本属性"营养价值",决定了饥饿值和饱和度的比值,即"营养值"。营养值共有5个等级。

营养值	食物			
2.4	金胡萝卜	金苹果	附魔金苹果	
1.6	牛排	熟羊肉	熟猪排	熟鲑鱼
2.4	烤马铃薯 胡萝卜 蘑菇煲	甜菜根 熟鸡肉 兔肉煲	甜菜汤 熟鳕鱼 迷之炖菜	面包 熟兔肉
0.6	苹果 马铃薯 生鸡肉	紫颂果 西瓜片 生羊肉	干海带 南瓜派 生猪排	毒马铃薯 生牛肉 生兔肉
0.2	蛋糕 生鳕鱼 蜘蛛眼	曲奇 生鲑鱼 甜浆果	蜂蜜瓶 腐肉 发光浆果	河豚 热带鱼

《我的世界》中存在多种多样的食物。绝大多数食物都只提供饥饿值和饱和度，这些食物在饥饿值满时不可食用。部分食物在被食用后还会带来额外的效果，这些食物中除了只有负面效果的生鸡肉、腐肉和河豚，均可在满饥饿值的情况下食用，包括迷之炖菜、金苹果、附魔金苹果、蜂蜜和紫颂果。

 植物产品

种植是一种稳定且和平的获取食物的方式，不仅操作简单且成本低廉。许多植物在种植后都可收获数量可观的成果，一个小型的农场通常就能完全满足一个玩家聚落对食物的需求。

通过种植获得的许多资源通常不适合直接食用，需要进一步加工才能成为更有效的食物。

 **面包**　食用性价比：★★★★

面包是由小麦合成的食物。作为一种极易获取的植物类型，小麦种子往往在游戏的第一分钟就能通过清扫草丛来找到，并在耕地中种植。面包是一种可靠的食物，能够恢复可观的饥饿值，不需要烧炼仅需要简单合成即可大量获取。玩家也可以携带干草块作为面包的压缩形式，进一步增加了这种食物类型的携带量。

面包在各类战利品箱中很常见

11

马铃薯、胡萝卜、甜菜根 食用性价比：★★

　　作为种植在耕地中的食物，这些资源在作为食物的同时，还可以作为种子被直接种植。然而，由于只能恢复极少量的饥饿值，这些作物并不适合直接食用，但它们可以用来制作更优秀的食物。

 烤马铃薯 食用性价比：★★★★

　　烧炼马铃薯可以获得烤马铃薯。烤马铃薯作为一种可以恢复大量饥饿值且制作简单的食物，颇受玩家欢迎。

 毒马铃薯 食用性价比：★

　　毒马铃薯是收获马铃薯作物时的稀有掉落物。每一次收获成熟的马铃薯时，除了掉落一定数量的马铃薯，还有2%的概率掉落一个毒马铃薯。由于毒马铃薯的掉落是单独计算的，掉落毒马铃薯并不是替换掉了原本会正常掉落的马铃薯。

　　毒马铃薯只能恢复极少量的饥饿值，而且还有60%的概率造成中毒效果，用于恢复扣除的生命值所需的饥饿值则完全超出了食用毒马铃薯能获得的饥饿值。

　　毒马铃薯不能堆肥，不能烹饪，也没有任何动物会食用。

 甜菜汤 食用性价比：★★★

　　甜菜汤是由甜菜根和碗合成的食物。一个甜菜汤恢复的饥饿值和饱和度等同于合成甜菜汤需要的6个甜菜根，但作为一种由碗合成且必须在工作台上才能合成的食物，甜菜汤不能堆叠，极大地限制了甜菜汤的使用场景，很少被使用。

一片村庄
中的农田

西瓜片　食用性价比：★★

西瓜片来自被收获的西瓜。西瓜能在野外被发现，收获到西瓜片后即可将其做成西瓜种子，而西瓜独特的生长方式需要专门的农场来容纳。西瓜片只能恢复相当少的饥饿值，因此西瓜片更多被用于制成闪烁的西瓜片，用于酿造瞬间治疗药水。

干海带　食用性价比：★★★★

海带是一种可以在水中种植的植物，能在海洋中被找到。不像其他的农作物，海带可以在不被收获的情况下长得非常长，在下一次收获时便能获取大量海带。烧炼海带可以获得干海带——一种可以食用的烹饪食品。干海带只能恢复极少量的饥饿值，但同时也有着比其他食物显著更少的进食时间，能够在短时间内大量食用。干海带的这一特性使其会以更快的速度被耗尽，尽管干海带也能做成干海带块来压缩储存。

 苹果　　　　　　　　　　　　　　　　　食用性价比：★★★

　　苹果是一种能从橡树树叶和深色橡树树叶中获取的食物。作为一种通过植树来获取的食物，苹果通常会在树场中作为一种副产品被收获。苹果只能恢复少量的饥饿值和饱和度，但苹果可以被制作成金苹果——一种强大的战斗用消耗品。

 紫颂果　　　　　　　　　　　　　　　　食用性价比：★★★

　　紫颂果是一种能在末地中遭遇的植物。紫颂果只能种植在末地石上，但可以在任何维度中生长，并有着扭曲怪异的生长方式。紫颂果只能恢复少量的饥饿值和饱和度，但食用紫颂果后，玩家会被传送至周围的一个随机表面上，可以用于抵达一些难以抵达的位置，或是从高空中立刻返回地面而不受摔落伤害。玩家即使在饥饿值满时也可以食用紫颂果。

 甜浆果　　　　　　　　　　　　　　　　食用性价比：★★★

　　甜浆果是一种能从甜浆果丛中获取的资源，而这种植物只能在针叶林中自然生成。作为食物的同时，甜浆果也可以用于在草方块上种植甜浆果丛。

　　甜浆果是一种只能恢复很少量饥饿值和饱和度的食物，并且不能被加工。因此，甜浆果更多被用于繁殖狐狸，或是建立甜浆果丛防线来阻止生物穿越。

 发光浆果　　　　　　　　　　　　　　　食用性价比：★★

　　发光浆果是一种能从洞穴藤蔓中获取的资源，而这种植物只能在地下的繁茂洞穴中自然生成。作为食物的同时，发光浆果也可以用于在任何完整的方块下表面上种植洞穴藤蔓。

　　发光浆果是一种只能恢复很少量饥饿值和饱和度的食物，并且不能被加工。因此，发光浆果更多被用于繁殖狐狸。洞穴藤蔓有着漂亮的外观，并且可以攀爬，是很好的建筑物装饰。

15

生物产品

杀死生物是一种常见的获取食物的方式。除了消灭野生动物，玩家还可以建立自己的牧场来畜养大量肉用动物。

     生牛肉、生鸡肉、生羊肉、生猪排、生兔肉 食用性价比：★★★

牛、鸡、羊、猪、兔子在死亡时都会掉落生肉，而玩家可以养殖这些动物来稳定地获取肉类食物。生肉并不太有营养，而生鸡肉还有一定的概率引发食物中毒。这些生肉都可以被烹饪成熟肉供玩家食用，而生肉则可以用于喂养狼。

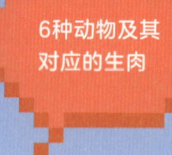

6种动物及其对应的生肉

生鳕鱼、生鲑鱼　　　　　　　　　食用性价比：★★★

　　除了鱼在被杀死时会掉落肉，钓鱼也能获得许多生鱼肉——同时也能钓到相当多不是鱼的各种物品。和其他动物的生肉一样，生鱼肉只能提供相当低的饥饿值和营养价值。生鳕鱼和生鲑鱼可以用于喂养猫咪，也可以烹饪后供玩家食用。

 热带鱼　食用性价比：★★

　　热带鱼也可以通过钓鱼或杀死热带鱼来获取，但热带鱼不能烹饪，也没有动物会食用。

 河豚　食用性价比：★

　　河豚可以通过钓鱼或杀死河豚来获取。作为一种危险的食物，河豚在被食用后会带来严重的负面状态效果。河豚的主要用途通常是酿造水肺药水而不是食用。

       　　食用性价比：★★★★

牛排、熟鸡肉、熟羊肉、熟猪排、熟兔肉、熟鳕鱼、熟鲑鱼

　　熟肉可以提供可观的饥饿值，有较高的营养价值。

　　除了烧炼生肉，生物在着火死亡时也能使其生肉掉落物被替换为熟肉。在篝火上烧炼生肉也能在不消耗燃料的情况下获取熟肉。

 腐肉　食用性价比：★★

　　腐肉是僵尸掉落的资源。由于腐肉有极高的概率会导致食物中毒，食用腐肉后的饥饿值可能最终会比食用前更低。腐肉可以用于喂狼，而不会对狼造成任何伤害。

 蜘蛛眼　食用性价比：★

　　蜘蛛眼是蜘蛛掉落的资源。虽然可以食用，但是必定会导致食物中毒，同样会导致食用蜘蛛眼后最终的饥饿值比食用前还低。蜘蛛眼通常用于制作酿造材料，而不是被食用。

 **加工产品**

这些复杂的食物可以通过其他材料来合成或其他方式得到。

金胡萝卜   食用性价比：★★

　　金胡萝卜是由金粒和胡萝卜合成的食品，具有极高的营养价值。金胡萝卜是游戏中恢复饱和度最高的食物，能轻松将饱和度维持在高水平，因而有助于生命值的快速恢复。

　　除了供玩家食用，金胡萝卜也是一种马儿喜爱的食物，可以用于驯服、治疗或繁殖马群。

金苹果   食用性价比：★★★

　　金苹果是一种由金锭和苹果合成的昂贵食品。金苹果的营养价值与金胡萝卜一致，但提供的饥饿值和饱和度较低。金苹果的主要用途是作为一种提供战斗生成增强的消耗品，在被食用后可以提供伤害吸收生命值和短时间的高等级生命恢复效果，增加玩家的生存能力。

　　金苹果同样可以用于喂养马匹，但成本显著高于使用金胡萝卜。

附魔金苹果   食用性价比：★★★★

　　食用性价比：附魔金苹果是一种罕见而稀有的珍贵食物。类似于金苹果，附魔金苹果提供少量的饥饿值和饱和度，也提供状态效果。附魔金苹果提供比金苹果更强大的效果，包括更高等级的伤害吸收和生命恢复，以及额外的防火和抗性提升状态效果。附魔金苹果不能合成，只能通过探索在一些结构的箱子中找到。

　　附魔金苹果同样可以用于喂养马匹，但成本显著高于使用金胡萝卜。

18

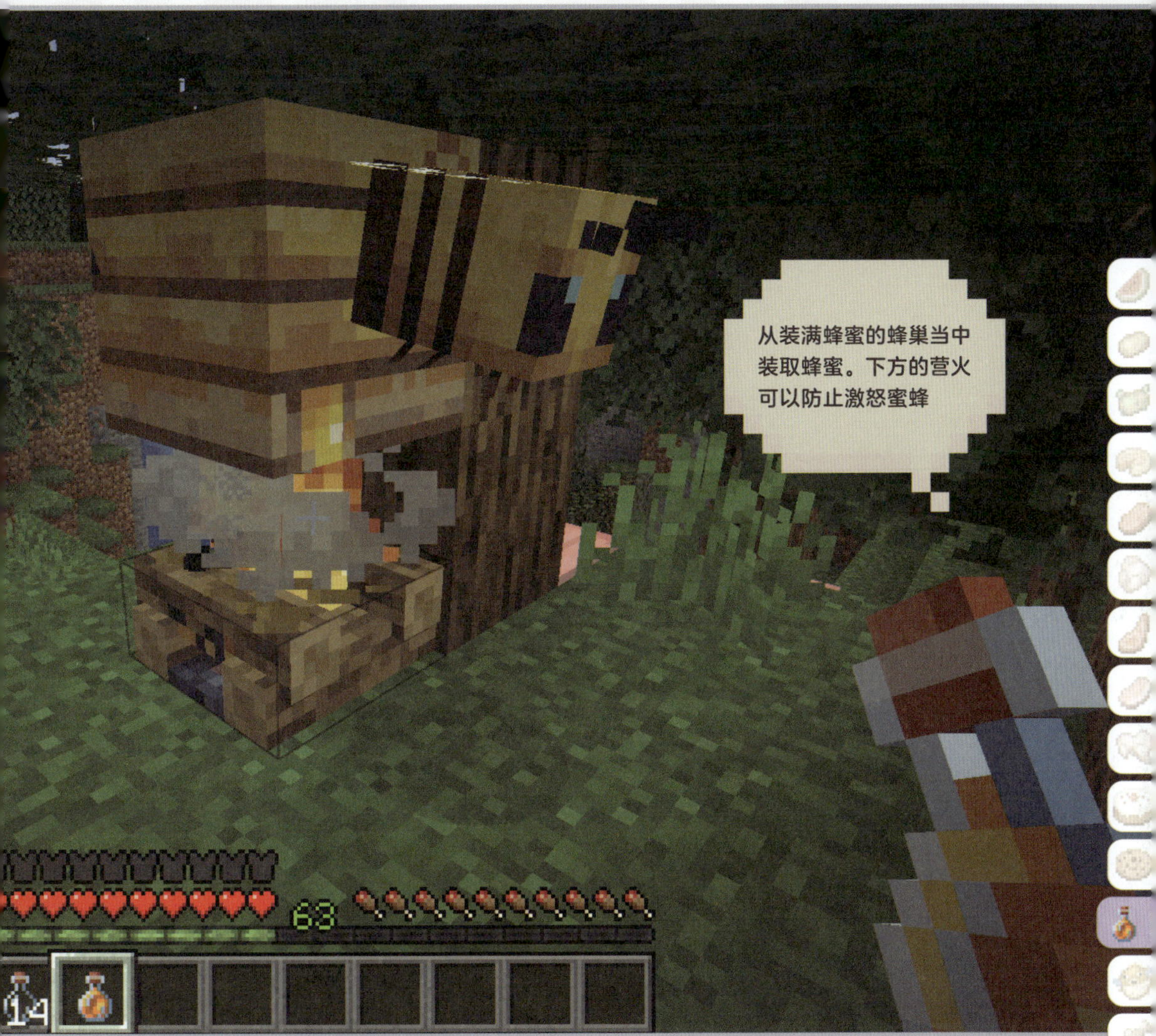

> 从装满蜂蜜的蜂巢当中装取蜂蜜。下方的营火可以防止激怒蜜蜂

 蜂蜜瓶　　　食用性价比：★★★★

蜂蜜瓶可以使用玻璃瓶从蜂巢获取。蜂蜜的营养价值较低，进食时间略长于其他食物，且每组物品只能堆叠16个。蜂蜜瓶可以合成蜂蜜块——一种有多种用途的方块材料，也可以用于重新合成蜂蜜瓶。蜂蜜瓶被饮用后会移除玩家身上的中毒效果，同时返还一个空瓶。

曲奇　食用性价比：★★★

　　曲奇是一种由可可豆和小麦合成的食物。由于提供的饥饿值和饱和度极低，同时没有动物需要曲奇来喂养，为鹦鹉喂食曲奇会将其立刻杀死，曲奇是一种很少被玩家使用的食物。

 ### 南瓜派　食用性价比：★★

　　南瓜派是由南瓜、糖和小麦合成的食物。南瓜能在野外被发现，获取南瓜后即可将其做成南瓜种子，而南瓜独特的生长方式需要专门的农场来容纳。南瓜派的营养价值偏低，且需要3种不同的材料，使其成为一种不常见的食物。

 ### 兔肉煲　食用性价比：★★★

　　兔肉煲是由碗、熟兔肉、胡萝卜、马铃薯和蘑菇合成的食物。兔肉煲能提供极高的饥饿值恢复量，但由于不能堆叠，显著限制了这种食物的携带量。兔肉煲被食用后会返还一个空碗。

 ### 蘑菇煲　食用性价比：★★★

　　蘑菇煲可以用碗和两种颜色的蘑菇合成，也可以从哞菇以类似挤奶的方式无限地获取。蘑菇煲可以提供可观的饥饿值恢复量，但同样由于不能堆叠，很少在哞菇牧场以外的地方被大量使用。

迷之炖菜　食用性价比：★★★

　　迷之炖菜可以用碗和两种颜色的蘑菇，加上一朵小型花来合成——即蘑菇煲中加入一朵花。迷之炖菜恢复的饥饿值和饱和度与蘑菇煲是一致的，但由于加入了一朵花，迷之炖菜还会带来额外的短时间状态效果，效果的类型取决于用于合成迷之炖菜的花的类型。

　　为棕色哞菇喂花后，下一次对其使用碗就会获得对应的迷之炖菜，取代通常获取的蘑菇煲。

两种哞菇

插上蜡烛的蛋糕

蛋糕

食用性价比：★★★

　　蛋糕是一种合成方式非常复杂的食物，需要同时加入小麦、糖、鸡蛋和奶桶，奶桶会在合成后返还为空桶。不同于其他食物，蛋糕并不能食用，而是一个可以放置的方块。蛋糕方块被放置后，使用蛋糕就能吃掉一片蛋糕。蛋糕共有7片，并且可供多个玩家食用。尽管一个完整的蛋糕能恢复许多饥饿值，但其糟糕的营养价值只能恢复极低的饱和度，因此蛋糕更常用作建筑装饰品，填充空桌子，还能插上可以点燃的蜡烛。

耕种时间到：农耕指南

导言

在你的第一个游戏日内，你会收集基本物资、探索地形、建造一个简易庇护所或是干脆躲进地底挖矿。而到了第二天，你往往就无力跑步了，这时抖动的饥饿条告诉你：你该进食了。

最快的获取食物方法是找到一个村庄并收割农作物，或是摧毁橡树树叶得到苹果。在约80%的情况下，摧毁6棵橡树的所有树叶就能得到苹果，以缓解你的燃眉之急。然而，若是想获得稳定可靠的食物来源，你就需要搭建一个农场或牧场。

可以先在创造模式中规划好农场或牧场，再在生存模式中建造它们。

01 农作物种植

同现实生活中一样，种植农作物需要种子、泥土、光照和水源。此外，农作物只在附近几十格内有玩家时才会生长。

最容易获得的种子是小麦种子，只需要破坏那些长在草方块上的草丛，就有机会获得。而马铃薯、胡萝卜、甜菜就需要找到一个村庄，或是与僵尸搏斗。本节内容适用于刚刚提到的这4种农作物。

获得了种子之后，就要为你的农场选址了。由于水源会湿润耕地，从而大大加快农作物生长速度，所以你的农田最好要有水源。可以将耕地散布在河流旁，而若你有足够的铁造出桶来，便可以在9×9的农田正中央挖一个洞，将一桶水舀进去。要避免在农田行走时掉进水坑，可以在水面上放一个台阶。

简易的 9×9 农田

提示

不要在农田上跳跃！
踩踏作物会摧毁它们！

然后便是耕地和播种。你需要合成一把锄，并将其对着泥土或草方块使用，将其变成耕地。接着拿出小麦种子和甜菜种子，或是马铃薯和胡萝卜（它们本身就能当作种子），对着耕地按下使用键，农作物就播种完成了。

最后需要注意合适的光照。农作物需要其上方的方块至少9级的亮度才能生长。这意味着如果你不放置额外的光源，那么农作物在夜晚就不会生长。放置光源也可以让你的农田免受苦力怕的爆炸式袭击。

大多数农作物会在30分钟内成熟，最快的约5分钟即可成熟。作物成熟后，直接摧毁作物便可收获它们。为了可持续发展，记得将收获的种子继续种下。

如果你在作物成熟前就摧毁它们，那么它们只会掉落种子，所以收割作物的时候要小心辨别是否成熟。打败骷髅获得的骨头可以制作成骨粉，对农作物使用骨粉可以加快其生长速度。

作物的不同生长阶段。最远处的一排是成熟的作物

如果你不满足于这个简易农田，想让它变得更高效，那就有许多方面要考虑周全了。
了解农作物的生长机制能加快其成熟的速度。农作物周围的4个方向中，如果有2个相邻方向的耕地上种植的作物与它相同，那么它的生长速度会减慢，因此隔行种植不同作物的效率最高。而农作物周围的8个方块中，湿润的耕地会按数量加快农作物的生长。此外，蜜蜂在采集花粉后，也可以向农作物授粉，加快其生长速度。

半自动多层农场
建造难度：★★★

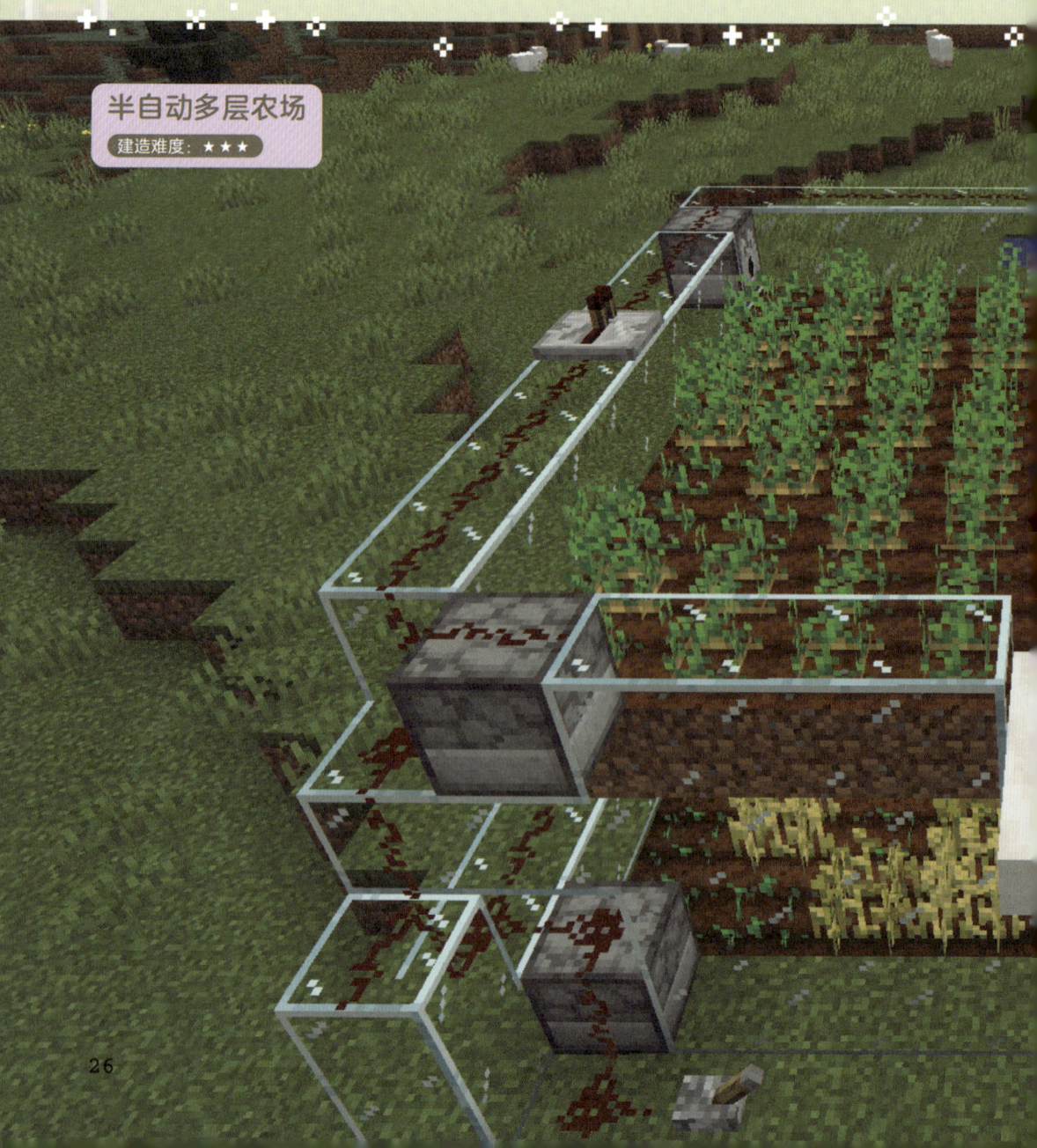

加快效率的另一种方式是加快收割和播种效率。用水流可以便捷地冲毁农作物，一次性收集整片农田的作物。整块农田都播种同样的作物，虽然会减缓生长速度，但显然也能加快播种速度。不过我们往往追求总体效率的最大化和空间的最小化，因此每层种植不同作物的实用性垂直农场最受欢迎。

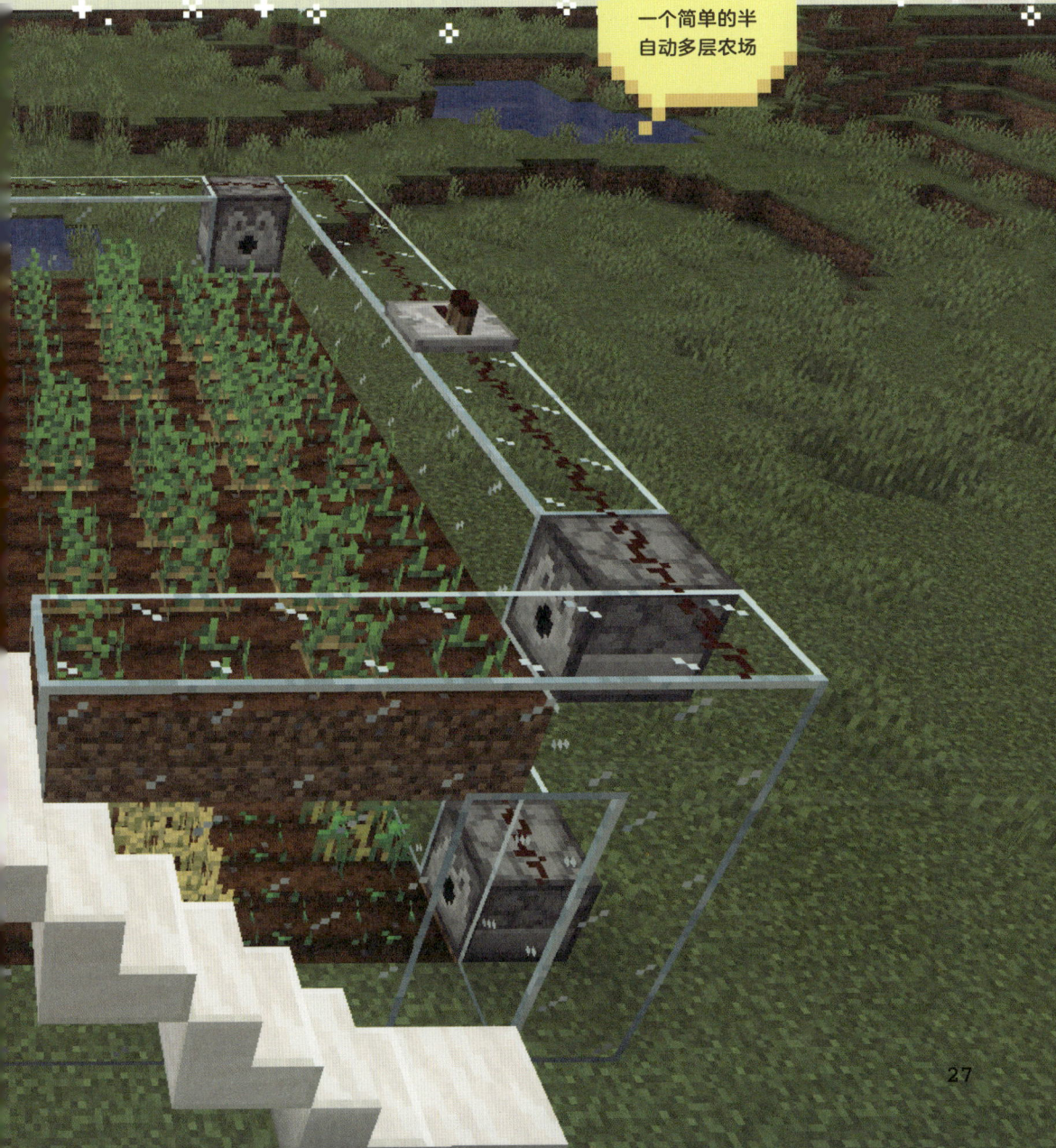

一个简单的半自动多层农场

首先，建造一个简易的9×9农田。在农田周围放上围挡，防止水流冲出农田。

在农田四角放上4个发射器，并用红石线将发射器连接到总控制器。红石中继器可以帮助拓展红石信号的作用范围。

将同样的结构复制多层。将每层的高度设置为2格，可以防止你在农田中不小心跳跃造成的农作物和耕地损毁。

利用红石的上升特性，连接不同层的红石线路。可以在《我的世界：工程创造》中找到更详细的红石相关教程。

别忘了为你的多层农场建造一个楼梯。

最后，在发射器内放上水桶。

农作物成熟后，拉下拉杆2次，发射器放出水源，作物被冲到中间的水坑中。再拉下拉杆2次，发射器就会收回水源。现在可以在农田中间收集你的农作物了。

提示

图中的萤石不仅为作物生长提供了光源，还阻止了上一层农田中央的水向下流，影响种植。

农场还有许多其他设计。利用水流的特性，可以制作阶梯式的农田便于收获作物，还可以利用农民村民种植作物以及分享食物的特性，制造出全自动农场。

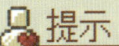 提示

将农田用栅栏等方块围起来是很重要的！兔子可能会来偷吃胡萝卜，其他生物也可能踩踏耕地。

一个村民自动农场。利用农民给无食物村民投掷食物的特性，在村民下方放置漏斗来收集作物

南瓜和西瓜种植

南瓜和西瓜的获得并不容易。南瓜有小概率自然生成在草地上，而西瓜会自然生成在丛林中。也可以在地下的宝箱中找到它们。南瓜和西瓜片可以用于合成对应的种子。

南瓜和西瓜的种植方式与小麦等农作物有所不同：小麦种子播种后会逐渐成长为小麦，而南瓜和西瓜种子播种后则会生长为南瓜茎和西瓜茎，成熟的茎再次生长时，便会在旁边的泥土上生成果实。

瓜茎的生长条件与小麦相同，因此水源、光照的条件依旧要满足。不过瓜类无须再次播种和占用2格的特性使得其种植方式和小麦有所差异。将瓜茎种成一排既方便收割，又保证了瓜茎的生长速度。

在获得种子的初期，可能需要快速扩大你的瓜田规模。这时你可能需要一个快速成熟瓜田。每个瓜茎周围的泥土越多，生长出瓜的速度就越快。因此快速农场为每个瓜茎都提供了4块相邻泥土以供生成瓜。

而当你拥有足够的种子后，为了方便收割，整齐排列的瓜田设计最受欢迎。

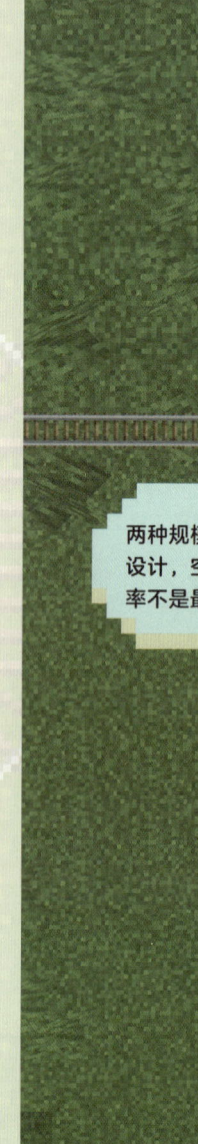

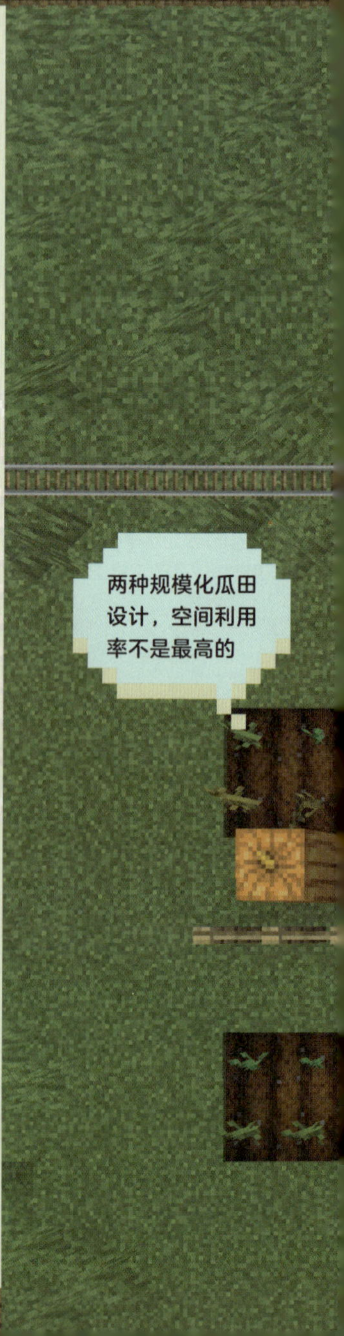

两种规模化瓜田设计，空间利用率不是最高的

> 🍉 提示
>
> 使用斧收割瓜类是效率之选。用精准采集的斧收集西瓜则可以收集到完整的西瓜块。

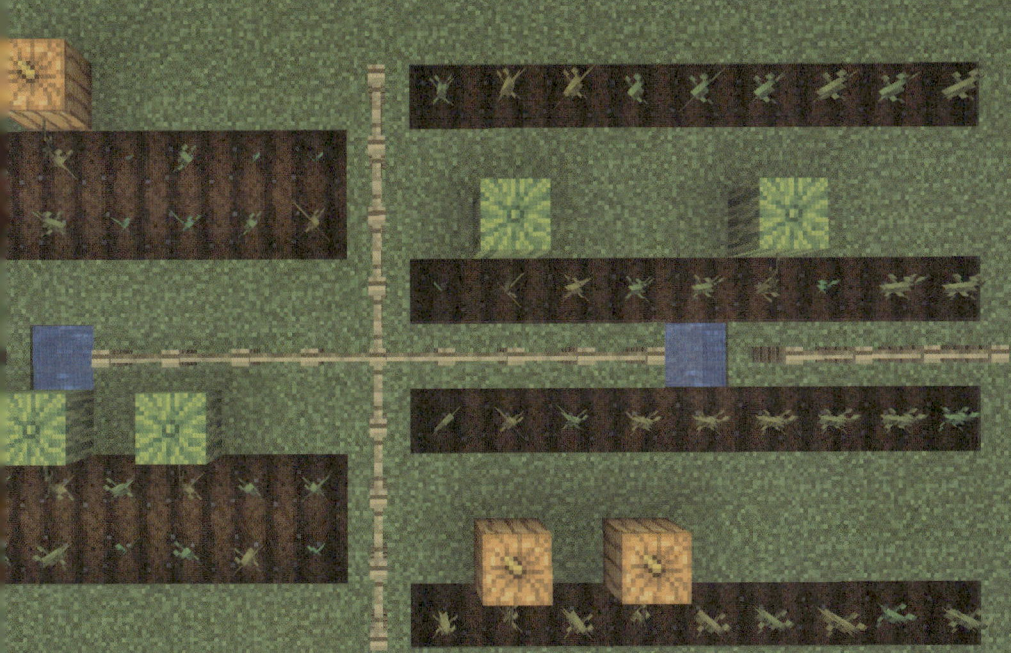

快速成熟瓜田设计

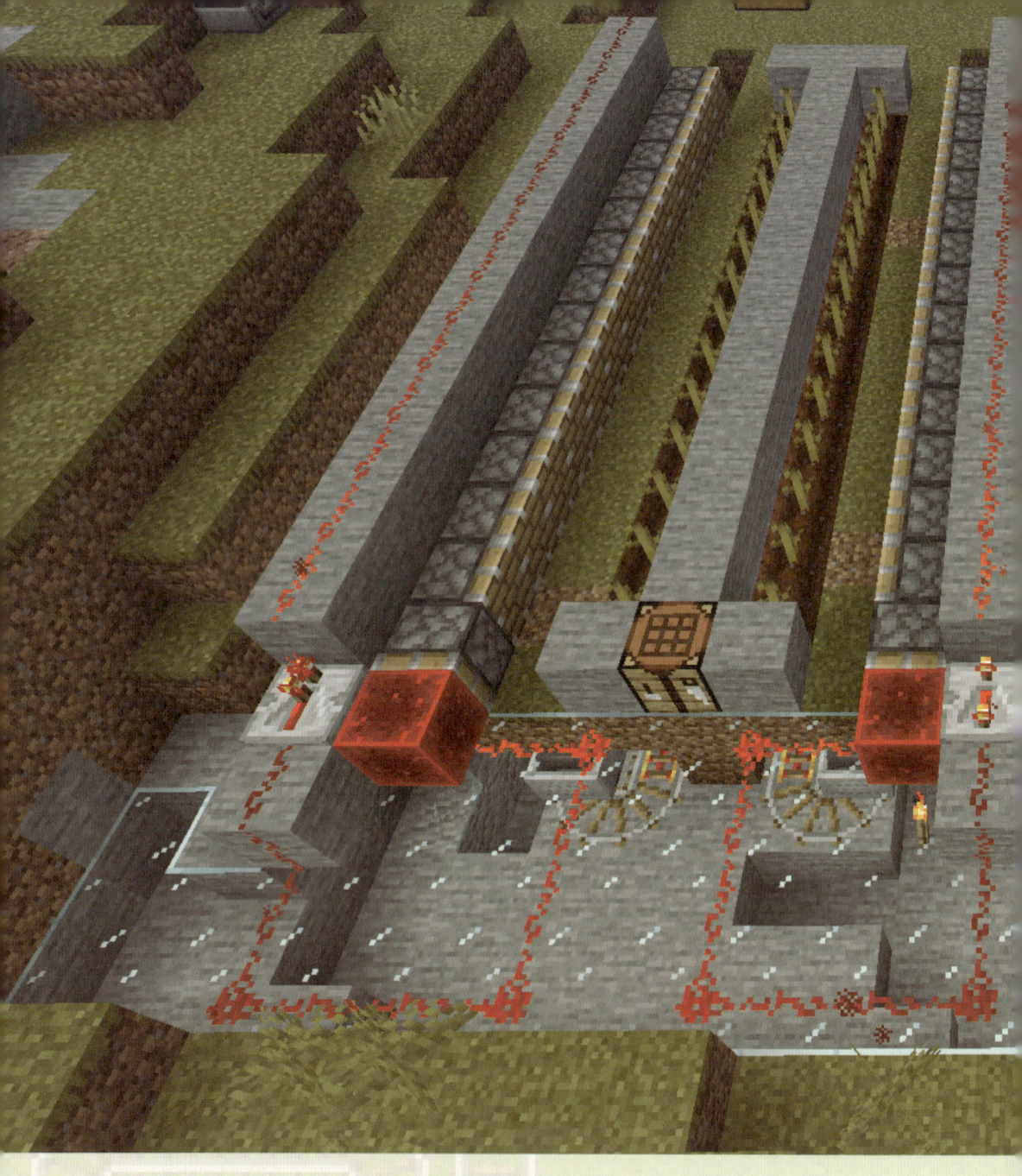

由于瓜类是完整的方块，用水流冲刷只会摧毁成熟的瓜茎，因此瓜田的自动化方案需要采用活塞来完成。在没有足够的铁和红石储备之前，用斧批量收割也是较快的。

一种自动瓜田设计。此设计利用了红石的方块更新特性，达到了全自动的效果。也可以使用侦测器实现一有瓜成熟就收割的功能。瓜田下方用漏斗矿车收集掉落的瓜

03 甘蔗种植

甘蔗会自然生成在水边，是较为常见的作物。沙漠中的湖泊旁生成甘蔗的概率格外高。

甘蔗可以合成纸，用于和村民交换绿宝石。纸也是制作书的重要材料，是玩家附魔装备的基础。

甘蔗的生长不受阳光影响，但必须将其种植在紧挨着水的泥土或沙子上。当然，甘蔗所在区块被加载时，它才能生长。

甘蔗最多长到3格高，破坏甘蔗时其上方的甘蔗也会掉落，因此破坏平视时正前方的那格甘蔗是高效的收割方法。由于破坏甘蔗几乎是瞬间的，所以当你跑步收割甘蔗时，你可能无法收集到掉落较慢的甘蔗。

虽然甘蔗农场的空间利用率可以高达80%，但玩家们更偏爱规则布置的农场。在长沟渠的两侧种满甘蔗，我们很容易就能计算出其空间效率为67%。

你知道吗，同门、活板门、梯子一样，甘蔗也能在水下形成空气穴，供玩家呼吸。

长直甘蔗农场设计

全自动甘蔗田　建造难度：★★

侦测器全自动甘蔗田设计

图中是一款使用侦测器的全自动甘蔗田。在侦测器后方是一排红石线。一旦甘蔗长到3格高，侦测器检测到面前的方块更新，便会向后发出红石脉冲，从而带动一整行的活塞向前推动，使甘蔗掉落。

甘蔗掉落后，下方的漏斗矿车会收集甘蔗，并最终将甘蔗通过放置在铁轨下的活塞，输出到箱子里。

提示

侦测器放置后，其输出红石信号的一端会朝向玩家。

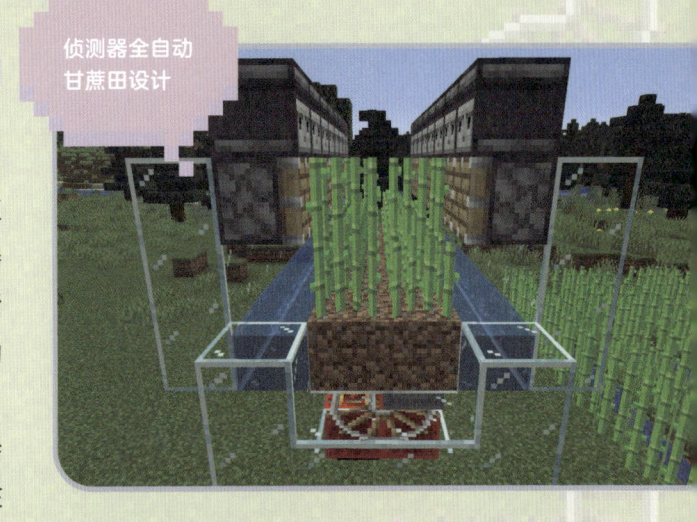

下图展示了甘蔗成熟的瞬间。3格高的甘蔗触发了侦测器导致活塞推出，但此时甘蔗尚未掉落。

由于甘蔗只能长到3格高，一检测到有甘蔗生长到3格高就收割所有甘蔗的策略，能保证甘蔗田的效率。

你知道吗，在早期的游戏代码中，甘蔗被称为芦苇（weed）。

甘蔗成熟的瞬间

04 其他作物介绍

黑森林中生成的巨型蘑菇

蘑菇

蘑菇分为红色蘑菇和棕色蘑菇，是发酵蛛眼和蘑菇煲的材料。

蘑菇会自然生成在沼泽、下界或主世界亮度低于13的地方。

巨型蘑菇会自然生成在蘑菇岛和黑森林中。破坏红色蘑菇方块和棕色蘑菇方块也可以获得对应蘑菇。

蘑菇的种植方式较为独特，也和现实中类似：蘑菇会在亮度低于13的地方，且周围9×9×3空间内少于5朵同种蘑菇时，扩散到其他方块上，平均28分钟扩散一次。如果种植在菌丝、灰化土或菌岩上，则可以无视亮度限制。

可以建造一个暗室，将光源放在高处来控制亮度，但要小心怪物在暗房中生成，因此需要仔细规划各处的亮度。蘑菇可以用水流快速收集。

由于蘑菇扩散较慢，因此对于需要蘑菇的玩家，更推荐种植巨型蘑菇。

在开阔的空间，对种植在泥土、草方块、菌丝、灰化土或菌岩上的蘑菇，使用骨粉即可使其生长成巨型蘑菇。每个巨型蘑菇大约可以收获20朵蘑菇。

竹子

竹子会在竹林和丛林生物群系中生成。竹子可以用作熊猫的食物，也可以用来合成木棍和脚手架。

竹子可以种植在泥土、沙砾、沙子及其变种上，亮度需要高于8。刚种下时，竹子会以竹笋的形态种在地里。

与现实中类似，竹子是游戏中生长得最快的植物。竹子最多可以长到12~16格高，破坏竹子时其上方的竹子也会掉落。用剑可以瞬间破坏竹子。

可可果农场的一种高效排布方式

一片茂密
的竹林

可可果

可可果会自然生成在丛林木的侧面。破坏可可果可以获得可可豆。

可可豆可以用来染色，也可以用来制作曲奇。

可可果会被水摧毁，因此可以用水流快速收集可可豆。

下界疣

下界疣是用来酿造药水的重要材料。牧师村民也会收购下界疣。

下界疣生成在下界要塞的楼梯旁，也会生成在堡垒遗迹中。

下界疣需要种植在灵魂沙上，但可以在任何维度中生长。如果期望用水来快速获取下界疣，记得从下界带些灵魂沙到主世界。

下界疣平均需要三四分钟生长完成。骨粉对其没有效果。

提示

甜浆果丛有刺,生物穿过时会受到伤害,并减缓移动速度,但狐狸除外。

自然生成的甜浆果丛

自然生成的海带

甜浆果

甜浆果丛生成在针叶林生物群系及其变种中。同样生成在针叶林中的狐狸喜欢吃甜浆果。

甜浆果作为食物时能恢复2点饥饿值,是野外不错的应急食物。

屠夫会以一颗绿宝石收购10个甜浆果,也可以用来堆肥,因此你可能想要种植一些甜浆果。

对着泥土方块及其变种使用甜浆果,就能种下甜浆果丛。

经过3个生长阶段后,对甜浆果丛按下使用键即可收获2~3个甜浆果。收获后,甜浆果丛仍然存在,将会继续结果。

海带

海带生长在水下,会在海洋中自然生成。

海带可以被烧炼成干海带,可用于堆肥、食用和用作燃料。干海带还可以合成干海带块,以提升其空间效益。

海带从水底向上生长。当你在水底放置海带时,游戏会随机分配给它一个age(年龄)值,可以在Java版按下F3键打开调试屏幕查看。age值为0~24。每生长一格,新长出的海带的age值便会加1,当age值达到25时,海带便会停止生长。因此,可以多次种植,直到种植的海带age值很小,再任其生长。

利用水中的掉落物会飘浮的特性,可以在海带的第二格放置活塞。活塞破坏海带后,掉落物会自动漂浮到水面上以供收集。

自然生成的紫颂树

紫颂树

紫颂树由紫颂植株和紫颂花组成，生成于末地外岛上。

破坏紫颂植株可以获得紫颂果，可用来使用并瞬移；烧炼紫颂果可以获得爆裂紫颂果，用来合成紫珀块和末地烛。

紫颂树需要生长在末地石上，紫颂花可以用来种出紫颂树。

紫颂树的高度平均约14格，所以记得留出充足的空间，以实现最大化收益。

破坏最下方的紫颂植株，即可收割整个作物，但紫颂花却不会掉落。如果你需要种植更多紫颂树，就必须先收集紫颂花：可以手动收割或是用箭射下它们。

繁衍生息：畜牧指南

导言

与生活中一样，游戏里的动物也能为玩家提供许多有用的物品。当然，每种动物都有不同的习性和饲养方式。本章将介绍友好生物的习性和动物养殖指南。

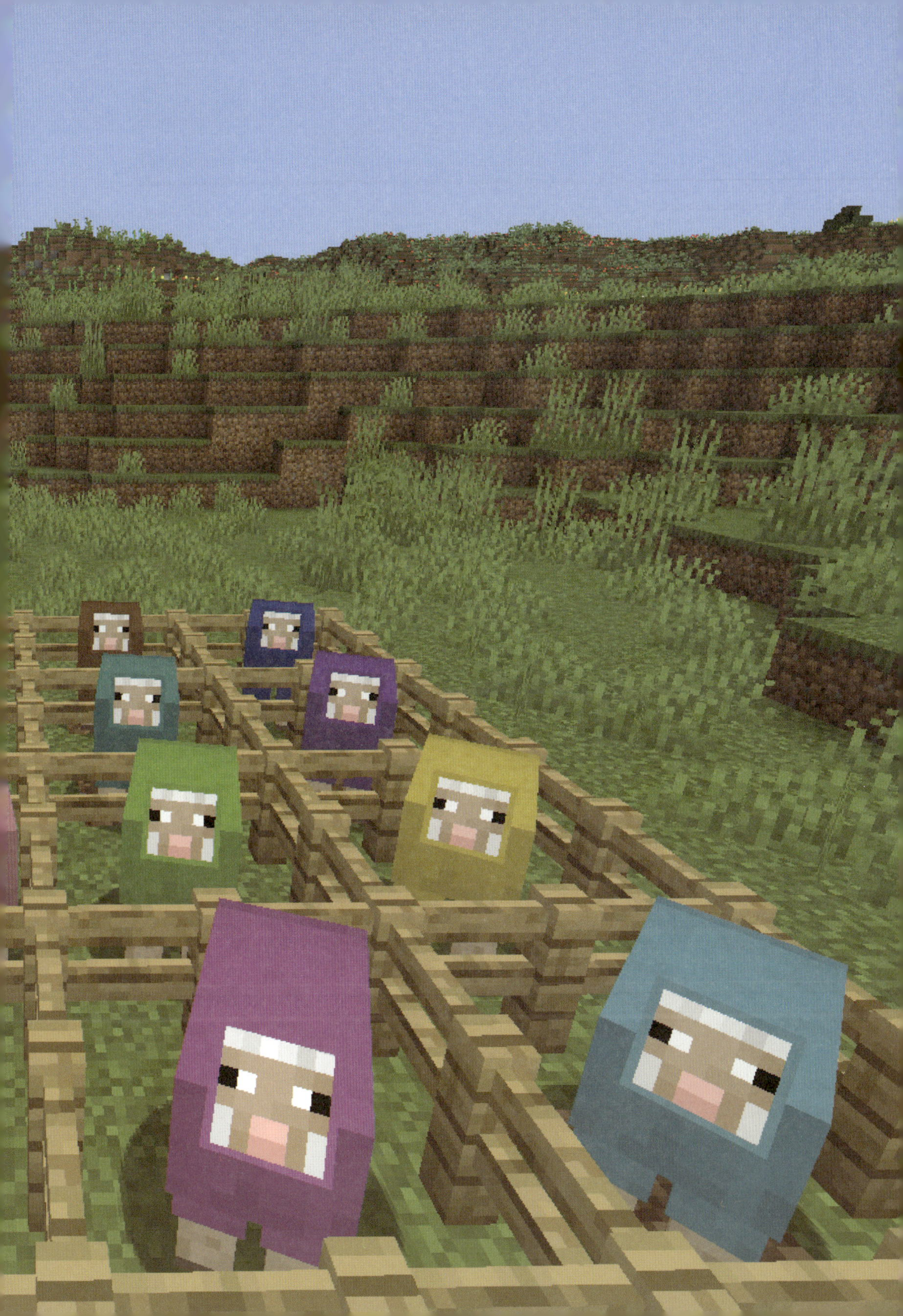

01 牲畜养殖

猪

稀有程度：★

猪会在主世界大多数生物群系的草方块上生成，也会在村庄的一些结构中生成，是一种常见生物。

手持胡萝卜、马铃薯或甜菜根就可以吸引猪跟随你。对两只猪使用这些作物可以让它们繁殖。

猪被闪电击中后会变为僵尸猪灵。

对着猪使用鞍后，再次点击即可骑乘猪。骑猪时如果拿着胡萝卜钓竿，那么可以通过移动视角来控制猪的移动方向。在猪背上使用胡萝卜钓竿，可以使猪进行一小段加速，同时胡萝卜钓竿会损耗。

提示

骑猪时，玩家不会受到跌落伤害。

一名玩家正骑乘着猪。

牛

稀有程度：★

牛会在主世界大多数生物群系的草方块上生成，也会在村庄的一些结构中生成，是一种常见生物。

手持小麦就可以吸引牛跟随你。对两只牛使用小麦可以让它们繁殖。

对成年的牛使用桶可以挤奶，获得奶桶。喝下奶后可以消除身上的一切状态效果。

哞菇

稀有程度：★★★★★

哞菇是牛的稀有变种，红色哞菇只会生成在罕见的蘑菇岛生物群系中。

对哞菇使用碗可以获得蘑菇煲，因此哞菇是稳定的食物来源。

红色哞菇被闪电击中时会变成棕色哞菇，两只红色的哞菇也有极小的概率繁殖出棕色哞菇，因此棕色哞菇更为稀有。

向棕色哞菇喂食不同种类的花之后，下一次对它使用碗会得到相应种类的迷之炖菜。

用剪刀可以为哞菇剪除蘑菇，哞菇会掉落几个对应颜色的蘑菇，然后变成牛。一般没有人愿意这样做，所以剪羊毛的时候把剪刀拿得离哞菇远一些！

一个小型的蘑菇岛

绵羊

稀有程度：★

　　绵羊会在主世界大多数生物群系的草方块上生成，也会在村庄的一些结构中生成，是一种常见生物。

　　手持小麦就可以吸引绵羊跟随你。使用小麦也可以让绵羊繁殖。

　　可以对绵羊使用剪刀来获得羊毛，羊毛颜色与绵羊的颜色对应。剪毛后，羊会在平均5分钟后吃草，并长出新的羊毛。

　　对绵羊使用染料可以改变其毛色，16种染料对应了绵羊的16种毛色。如果你有命名牌，可以试着将绵羊命名为"jeb_"，它的毛色会不断改变，显示16种颜色。

　　你知道吗，自然生成的绵羊中，粉色绵羊最稀有，只有0.164%的生成概率。

山羊

稀有程度：★★★

山羊在洞穴与山崖更新中加入游戏，自然生成在冰雪山峰上。

手持小麦就可以吸引山羊跟随你。对两头山羊使用小麦可以让它们繁殖。

山羊和绵羊的习性完全不同。和现实中一样，山羊的跳跃能力极强，能跳到10格高。

山羊中还有稀有的尖叫山羊，它的叫声更为响亮，而现实中的山羊发出尖叫的视频也被网友津津乐道。

山羊还会随机冲撞周围的玩家和生物，这个特性也在游戏官方的宣传片中多次体现，但这就不是取材于现实了，纯粹是游戏开发者的一个小把戏。

你知道吗，在Java版中，山羊冲撞潜影贝时，脑袋会卡在潜影贝的外壳间，一段时间内动弹不得。

鸡

稀有程度：★

鸡会在主世界大多数生物群系的草方块上生成，是一种常见生物。

鸡也会以鸡骑士的形式生成，幼年僵尸及其变种会骑着鸡生成，这会大大加快它们的移动速度。

手持各类种子都可以吸引鸡跟随你，使用这些种子也可以让鸡繁殖。

和现实中一样，狐狸和豹猫会主动攻击鸡。

你知道吗，由于鸡的外观和行为与鸭也有相似之处，因此玩家有时会把鸡当作鸭，游戏开发者也不例外。

兔子

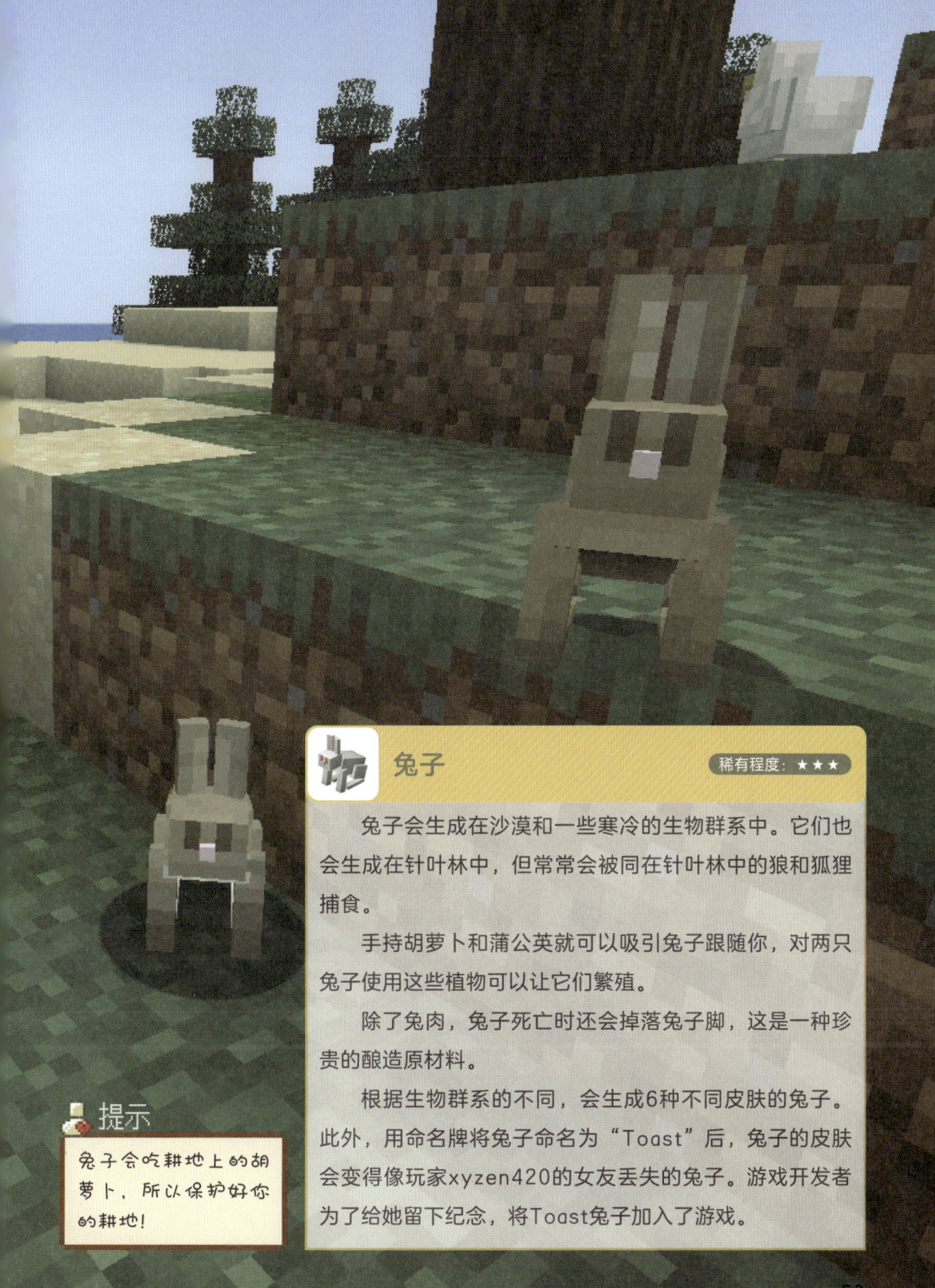

稀有程度：★★★

　　兔子会生成在沙漠和一些寒冷的生物群系中。它们也会生成在针叶林中，但常常会被同在针叶林中的狼和狐狸捕食。

　　手持胡萝卜和蒲公英就可以吸引兔子跟随你，对两只兔子使用这些植物可以让它们繁殖。

　　除了兔肉，兔子死亡时还会掉落兔子脚，这是一种珍贵的酿造原材料。

　　根据生物群系的不同，会生成6种不同皮肤的兔子。此外，用命名牌将兔子命名为"Toast"后，兔子的皮肤会变得像玩家xyzen420的女友丢失的兔子。游戏开发者为了给她留下纪念，将Toast兔子加入了游戏。

提示

兔子会吃耕地上的胡萝卜，所以保护好你的耕地！

河流中生成的鲑鱼

鲑鱼、鳕鱼、热带鱼、河豚　　稀有程度：★★

鲑鱼、鳕鱼、热带鱼、河豚有着相似的特性：它们离开水都无法存活，死亡时除了掉落鱼，还有一定概率掉落骨头或骨粉。它们都喜欢成群地游动，也能被水桶舀起。

不过它们生成的地点有些差异。鲑鱼生成在河流和寒冷的海洋群系中，鳕鱼生成在热带以外的海洋群系中，热带鱼生成在繁茂洞穴和热带海洋群系中，河豚生成在温暖的海洋群系中，且不会成群游动。

和其他鱼不同，当玩家或生物接近河豚时它会膨胀，并给予对方中毒效果。

和现实中一样，请切记不要贸然吃下河豚！游戏中你会获得中毒和反胃效果，而现实中下场可能更惨！可以将河豚和其他鱼卖给村民，来获得绿宝石，也可以将河豚用来酿造，并喝下水肺药水在水下自由探索。

你知道吗，游戏中的热带鱼有上千种花纹和颜色组合。

> 繁茂洞穴中生成的发光鱿鱼

鱿鱼、发光鱿鱼

稀有程度：★★
稀有程度：★★★★

鱿鱼生成在各类海洋与河流中，是墨囊的主要来源之一。它和蝙蝠一样，是为了不让环境那么单调而添加的生物，并没有太多的用途。

鱿鱼受到攻击时会喷出墨汁，随后加速逃离攻击者。

发光鱿鱼在洞穴与山崖更新中被加入游戏，它自然生成在主世界洞穴的水体中。它和它的墨汁都有发光的粒子效果，但不会对周围环境造成影响。

发光鱿鱼会掉落荧光墨囊，可用来制作荧光物品展示框，或增亮告示牌上的文字。

你知道吗，鱿鱼可能会自己搁浅在河岸上。

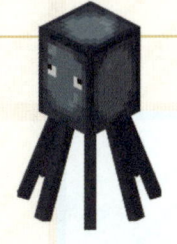

海龟

稀有程度：★★★

海龟会自然生成在沙滩上。

手持海草就可以吸引海龟跟随你，对两只海龟使用海草可以让它们繁殖。

和现实中类似，无论海龟距离出生地有多远，它们繁殖后都会回到自己的出生地产卵，在沙滩上产下海龟蛋。海龟蛋在平均4.5个游戏日后会孵化出幼年海龟。

僵尸、骷髅、狼、猫、狐狸等生物会主动攻击幼年海龟。在现实中，幼年海龟也会受到海滩周围动物的捕食。

幼年海龟在长成成年海龟时，会掉落一个鳞甲，这是现实中水生龟的成长过程之一。鳞甲可用来制作海龟壳。

你知道吗，海龟会"悬浮"在海龟蛋上，看上去像是在孵蛋。

沙滩上生成的海龟

美西螈

稀有程度：★★★★

美西螈生成在繁茂洞穴的水体中，且水中需要有黏土块。自然生成的美西螈有4种颜色。

美西螈的习性大多与现实中相似：它会主动攻击各类鱼，包括鱿鱼，也会攻击溺尸和守卫者。玩家和美西螈并肩战斗后，还会获得美西螈给予的生命恢复效果。

美西螈受到攻击时有可能会装死，一动不动地恢复生命值。美西螈离开水也会死亡。

美西螈需要通过喂食热带鱼桶来繁殖。繁殖出的美西螈有极小概率是蓝色的稀有变种。

你知道吗，美西螈即墨西哥钝口螈，已被列为极危物种，其原生种的栖息地已不足10平方千米。游戏开发者为了倡导玩家保护环境，在游戏中加入了美西螈、熊猫、北极熊、海龟等濒危物种。

现实中的美西螈

繁茂洞穴中生成的美西螈

狼

稀有程度：★★★

狼会在各类森林中自然生成。用骨头驯服狼后，它会加入你的战斗。

当你或其他生物攻击狼时，其周围的狼群都会被激怒并反击。所以小心不要惹怒了狼群。

狼会主动攻击骷髅、兔子、狐狸、绵羊和羊驼。骷髅、兔子和狐狸会主动避开狼。

狼在攻击时会跳着扑向敌人。狼还会追逐蝙蝠和幻翼，尽管它们往往扑不到飞行生物。

猫

稀有程度：★★★

猫是生成在村庄和女巫小屋的生物，与生成在丛林的豹猫不是同一种生物。在村庄与掠夺更新前，猫是由豹猫驯化而来的。

未驯服的猫被称作流浪猫。流浪猫会主动避开玩家，可以用生鱼来尝试驯服它。

猫会主动追逐鸡和兔子，苦力怕和幻翼也会主动避开猫。

沙漠村庄中生成的流浪猫

原始云杉针叶林中生成的狼

豹猫

稀有程度：★★★

　　豹猫自然生成在丛林中。它们会主动攻击鸡和幼年海龟，幻翼和苦力怕也会主动远离豹猫。

　　豹猫无法被驯服，但可以对玩家产生信任。玩家可以拿着生鲑或生鳕鱼缓慢靠近豹猫，并对其喂食。信任玩家的豹猫不会在玩家靠近时逃离。

　　你知道吗，猫和豹猫可以免疫摔落伤害，因为现实中猫在坠落时会自动调整姿态，保证其身体平衡而安稳着地。

狐狸

稀有程度：★★★

狐狸自然生成在针叶林中。积雪的针叶林中生成的狐狸是白色的雪狐。

自然生成的狐狸有概率在嘴中含有绿宝石、兔子脚、兔子皮等物品，并会在死亡时百分百掉落物品。狐狸也能捡起地上的武器和物品。

狐狸会攻击兔子、鸡和鱼，这些是它们的天然食物。狩猎时，狐狸能跳到半空中冲向敌人。

狐狸会主动寻找甜浆果丛和洞穴藤蔓，从上面摘下并吃掉浆果。浆果也可以用来繁殖狐狸。

狐狸无法被驯服，但被玩家繁殖出的小狐狸会信任玩家。

蜜蜂

稀有程度：★★★

蜜蜂被誉为《我的世界》里的最佳"bug"。蜜蜂只会自然生成于蜂巢中，而蜂巢有概率生成于平原和森林的橡树和白桦树上。草甸的橡树和白桦树上必定会生成蜂巢。

若橡树或白桦树苗的附近2格存在花或杜鹃丛，该树苗长成的树会有5%的概率生成蜂巢。

蜜蜂会在花旁采集花粉，再回到蜂巢产蜜。蜂巢可以产出蜂蜜瓶和蜜脾。

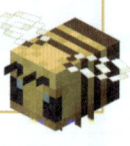

原始云杉针叶林中生成的狐狸

海豚

稀有程度：★★

　　海豚会生成在海洋里，它们偶尔会跳出水面呼吸。

　　海豚是群体性动物，海豚和猪灵一样，攻击它们会造成群体对你的敌意。

　　海豚会追逐坐船航行的玩家，还会为游泳的玩家增加速度。

　　给海豚喂食生鲑鱼或生鳕鱼后，海豚会带领你前往附近的沉船、海底废墟或宝藏埋藏地。

　　你知道吗，海豚是保护动物，常有海豚帮助人类的新闻。基岩版的加载界面中有一句提示："别杀海豚，你这个怪物！"

熊猫

稀有程度：★★★★

熊猫会生成在丛林及其变种中，其中生成在竹林的概率最高。

熊猫会跟随拿着竹子的玩家，喂食熊猫竹子也可以让它们繁殖，不过熊猫周围5格内还需要有8个竹子方块。

除了普通熊猫和棕色熊猫，熊猫还有5种个性：

- 体弱的熊猫：生命值是普通熊猫的一半。
- 好斗的熊猫：被攻击时不会惊慌逃窜，会持续攻击敌方，且攻击范围更大。
- 顽皮的熊猫：成年后也会四处翻滚跳跃。
- 忧郁的熊猫：不会进食，且会躲避玩家。
- 懒惰的熊猫：动作比普通熊猫更迟缓，常常会躺在地上。

熊猫打喷嚏时有很小的概率掉落黏液球。

你知道吗，游戏中稀有的棕色大熊猫参考了现实中的秦岭大熊猫。

游戏与现实中的棕色大熊猫

北极熊

稀有程度：★★★★

　　北极熊生成在雪原上，且和其他生物不同的是，生成时幼崽居多。北极熊无法繁殖。

　　北极熊十分爱护幼崽。当北极熊幼崽被攻击时，周围41格内的成年北极熊都会被激怒。

　　北极熊不会陷入细雪受伤，同时也是游泳健将。

　　你知道吗，现实中的北极狐常常跟在北极熊身后，捡食北极熊吃剩的鱼。但是，游戏中的北极熊会主动攻击北极狐。

冻洋上生成的北极熊

铁傀儡

稀有程度：★★

　　铁傀儡会自然生成在村庄中，也可以通过手动摆放铁块和南瓜来生成。

　　将铁块竖直摆成一个T形，然后在顶上放上一个南瓜，就能召唤出一个铁傀儡。玩家制造出的铁傀儡不会攻击玩家。

　　铁傀儡是村民的守卫者，会攻击大多数的敌对生物。铁傀儡的伟岸身形使得它攻击范围大，攻击力强，因此你也应小心不要惹怒了村庄中的铁傀儡，或是伤害村民。

　　可以对铁傀儡使用铁锭来恢复它们的生命值，一个铁锭能恢复1/4的生命值。

　　铁傀儡会送给幼年村民虞美人，来表示友好。

雪傀儡

稀有程度：★★

  雪傀儡通过手动摆放雪块和南瓜来生成。竖直摆放两个雪块，然后在顶上放上一个南瓜，就能召唤出一个雪傀儡。

  雪傀儡接触雨或水时会受到伤害，在炎热的生物群系中也会受伤。

  雪傀儡的头藏在南瓜里，可以用剪刀剪下南瓜，看到它真正的笑容。

  雪傀儡会攻击敌对生物，不过扔雪球的攻击方式不会对它们造成伤害。

  在大多生物群系中，雪傀儡在走过地面时会留下雪层，可以借此获得大量的雪球。

02 繁殖

每只成年动物繁殖的冷却期为5分钟。幼年动物需要20分钟来长大，而在成年前它们会跟着成年动物走动。

能够繁殖的生物有马、驴、牛、哞菇、绵羊、山羊、猪、鸡、狼、猫、豹猫、兔子、羊驼、海龟、熊猫、狐狸、蜜蜂、疣猪兽、炽足兽、美西螈。和现实中一样，马和驴可以繁殖出骡，而骡不能再繁殖。繁殖了上述21种动物之后，就能达成"成双成对"进度。

村民的繁殖机制和动物不同，在《我的世界：探索冒险》一册介绍村庄的章节当中，会详细说明村民的繁殖方法。

家畜养殖

对于猪、牛、羊等家畜，可以建造以下介绍的分离式烤肉厂。

分离式烤肉厂
建造难度：★★★

首先，将动物引到一处半开放空间中，并将其封闭。这片区域作为成年动物区。

提示

可以在栅栏上放上地毯，这样可以跳上地毯进出牧场。也可以用梯子进出牧场。

繁衍生息在《我的世界》中也十分重要。要繁殖动物，首先需要获得此动物对应的食物。对着两只相同的成年动物使用对应的食物，它们便会相互接近并冒出爱心，然后生成出新的幼年动物。幼年动物的颜色往往与对应的成年动物之一相同。

接着，在这片区域左边高处放上水流，将动物冲至另一侧。

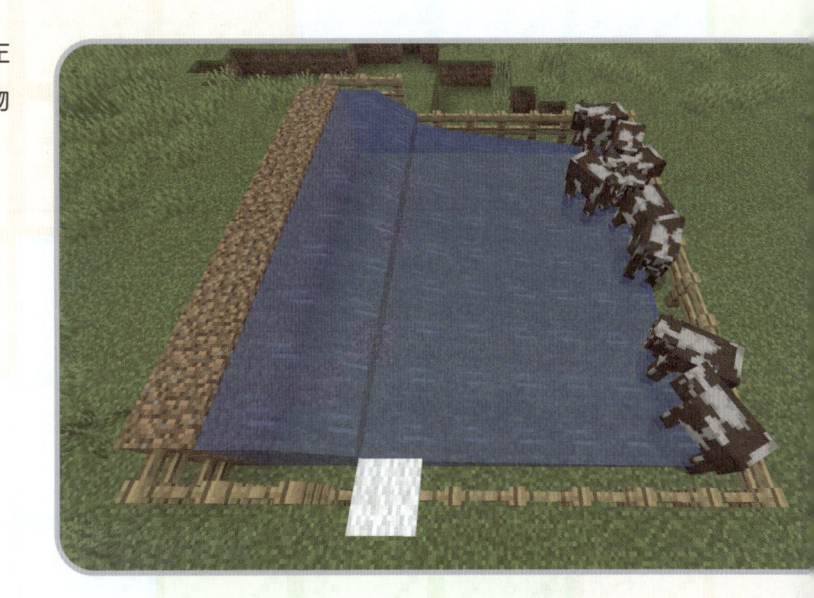

在这片区域右侧，将地上的栅栏移动到离地一格高的地方。

离地一格高的栅栏能将较高的成年动物阻挡在成年动物区，幼年动物会被水流冲到栅栏另一侧。

在右侧搭建出封闭的幼年动物区，并在最右边挖出一道沟。

在沟的一端放上装有水桶的发射器，在另一端向下挖一个2×2的洞，建议挖到11格深。

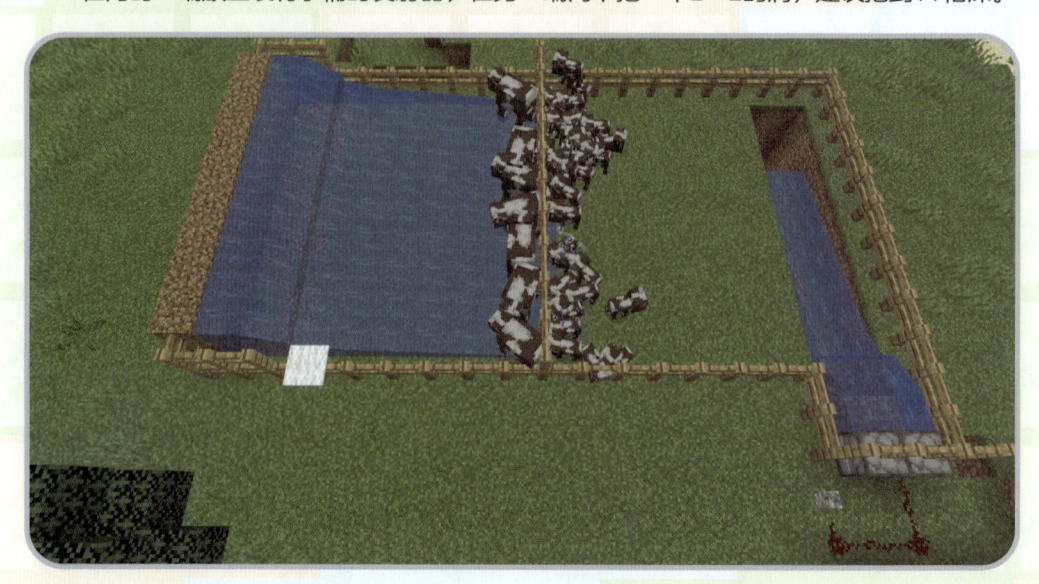

当你在牧场左边的成年动物区繁殖新的幼崽时，它们会自动被冲到右侧的幼年动物区。可以给幼年动物喂食农作物，加快它们的成长。

当动物成熟后，开启发射器放出水流。可以站在牧场外水流一侧，手持小麦或胡萝卜，吸引动物落入水流，最终跌入坑中。

烤肉机

最后，在洞底部挖出一个通道，通向牧场外。洞的底部放置箱子，上方是4个通向箱子的漏斗。漏斗上方间隔2层，放置4个告示牌，告示牌上放置熔岩。

当动物从上方掉落下来时，它们会被熔岩带上火焰，最终在漏斗上被烧死，它们的掉落物就会被漏斗收集到箱子里。这里的熔岩距地面有5格高，如果高度差过小，动物就会在熔岩中死亡，掉落物也会被烧毁。

当你有多个动物养殖区时，可以合理规划它们的位置，使4个养殖区共用一个烤肉机。

提示

放置漏斗时，需要在潜行模式下，对准你想让活塞连接到的容器，再放置活塞。

养鸡场
建造难度：★★

和猪、牛、羊不同，鸡的体积更小，且鸡会下蛋，可以用蛋孵出更多的鸡。在下落时，鸡会扇动翅膀来减缓下落速度。因此养鸡场的设计稍有不同，需要有一个鸡蛋收集装置和孵化装置。

大多数生物群系中都能生成鸡，因此找到足够的鸡建造养鸡场是较为容易的，只需拿着种子引导它们到围栏中。你也常常能看到有鸡蛋掉落在草地上，这是因为成年鸡每隔5~10分钟会下一颗蛋。

接下来的教程会教你制作一个复合式养鸡场，既包含鸡蛋收集装置和自动孵化装置，又包含烤肉机。

首先放置9个漏斗，方向均流向外部的箱子。绕漏斗上方，放置16个方块，中间留空。

接着，在漏斗上铺上9个下半台阶。台阶上方一层空出，其他地方用方块包围。

在台阶上方一层的外围放置2个发射器，其位置可以随意改动。其中一个发射器放入熔岩桶，另一个的上方用漏斗连接到中央，用于接收上方的鸡蛋。

然后，完善两侧的电路。放置熔岩桶的一侧只需用红石线连接到一个拉杆来操控，另一侧则需要连接到一个高频电路。

　　下图展示的是比较器高频电路，放置红石比较器后记得对其按下使用键，切换其模式为"作差模式"。也可以用中继器的延时特性，将一小段红石信号保留在电路中，达成循环的目的。可以在《我的世界：工程创造》一册中找到更详细的红石教程。

最后，围绕5×5结构的顶部外围放置2层方块，防止鸡逃出。在中央空间的4个角落倒水，这样鸡和鸡蛋就会流向中间。

将中间的方块挖掉，放置告示牌。这样，只有鸡蛋会通过通道掉进漏斗，而鸡仍然待在上层。

复合式养鸡场搭建完成！接下来需要搭建一个楼梯通向上层水池，用种子将鸡引到水池中，并用种子繁殖鸡。

当左侧发射器中收集了足够多的鸡蛋，可以打开高频电路，让发射器将鸡蛋掷出，在下层生出小鸡。

当小鸡长大后，拉下右侧发射器的拉杆，熔岩会将成年鸡烤熟，掉落的熟鸡肉和羽毛会通过漏斗进入箱子中。

由于成年鸡的高度为0.7格，而幼年鸡的高度是成年鸡的一半，因此幼年鸡可以在熔岩和台阶中间的0.5格存活，熔岩不会影响到幼年鸡。

复合式养鸡场的效果

养蜂场
建造难度：★★

要想从栖息地带走蜜蜂，需要在雷雨天或夜晚，蜜蜂全部回巢后，使用精准采集工具采集蜂巢。如果不使用精准采集工具采集蜂巢，那么蜂巢不会掉落，且蜜蜂会被激怒。也可以用拴绳牵走蜜蜂或手持花来吸引蜜蜂，不过别忘了先合成一个蜂箱来给它们一个新家。人工合成的蜂箱与蜂巢作用一致。

蜂巢可以产出蜂蜜瓶和蜜脾，但请不要轻易采集它们，否则会招来蜜蜂的报复！被蜜蜂蛰一下的滋味可不好受：你会获得中毒效果，而失去螫针的蜜蜂也会死亡。

因此我们要向蜂农学习如何采蜜：在蜂巢下点燃营火，将蜜蜂熏走，就能安全地采集蜂蜜了。对着装满蜜的蜂巢使用剪刀可以获得3个蜜脾，用来制作蜡烛、蜜脾块和给铜打蜡；而使用玻璃瓶可以获得一瓶蜂蜜，咕咚喝下后可以恢复饥饿值并消除中毒效果。

要想搭建养蜂场，需要先找到蜂巢和蜜蜂，并收集蜜脾制作蜂箱。接着将蜜蜂带进养蜂场，并用花繁殖足够多的蜜蜂。

提示
蜜蜂可以给农作物授粉从而加快农作物的生长速度，因此可以考虑将养蜂场建在农田旁。

蜜蜂正在采集花粉。最右侧的蜜蜂尾部已沾上了花粉

自动采蜜机

蜂巢需要蜜蜂进入工作5次后才会装满，此时蜂巢表面会留下蜂蜜粒子。

因此我们可以建造一个自动采蜜机。在发射器中放上玻璃瓶，激活时它就会从蜂巢中收集蜂蜜，且不会激怒蜜蜂。收集到的蜂蜜瓶会储存在发射器中。蜂蜜瓶的堆叠上限为16。

上图展示了一个自动采蜜机的设计。比较器能检测蜂巢的储存情况，并发出与蜂巢的蜂蜜等级同等强度的红石信号，最高为5。利用红石信号的衰减特性，仅当蜂巢装满蜂蜜时，右下角的红石信号才会变为1，从而激活发射器收集蜂蜜。

若是要自动采集蜜脾，就要在发射器内放置剪刀。采集到的蜜脾会自动弹出，所以最好在蜂巢前方放置漏斗来收集蜜脾。

提示

可以将养蜂场建在下界和末地，在没有夜晚和天气变化的维度中，蜜蜂的工作效率更高。

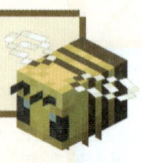

驯服狼

若你收集到了不少骨头，是时候成为兽群领袖了！

对狼使用骨头即可尝试驯服它。驯服一只狼平均需要3根骨头。当狼被驯服之后，它会温顺地坐下，并且脖子上会出现红色的项圈。对项圈使用各色染料，可以改变项圈的颜色。

狼被驯服后会一直跟随着你，当你和它的距离超过12格时，狼会直接传送到你身边。可以点击狼让它站起或是坐下，坐下时狼一般不会再跟随或传送到你身边。

你知道吗，狼和猫都能看到隐身状态下的玩家。

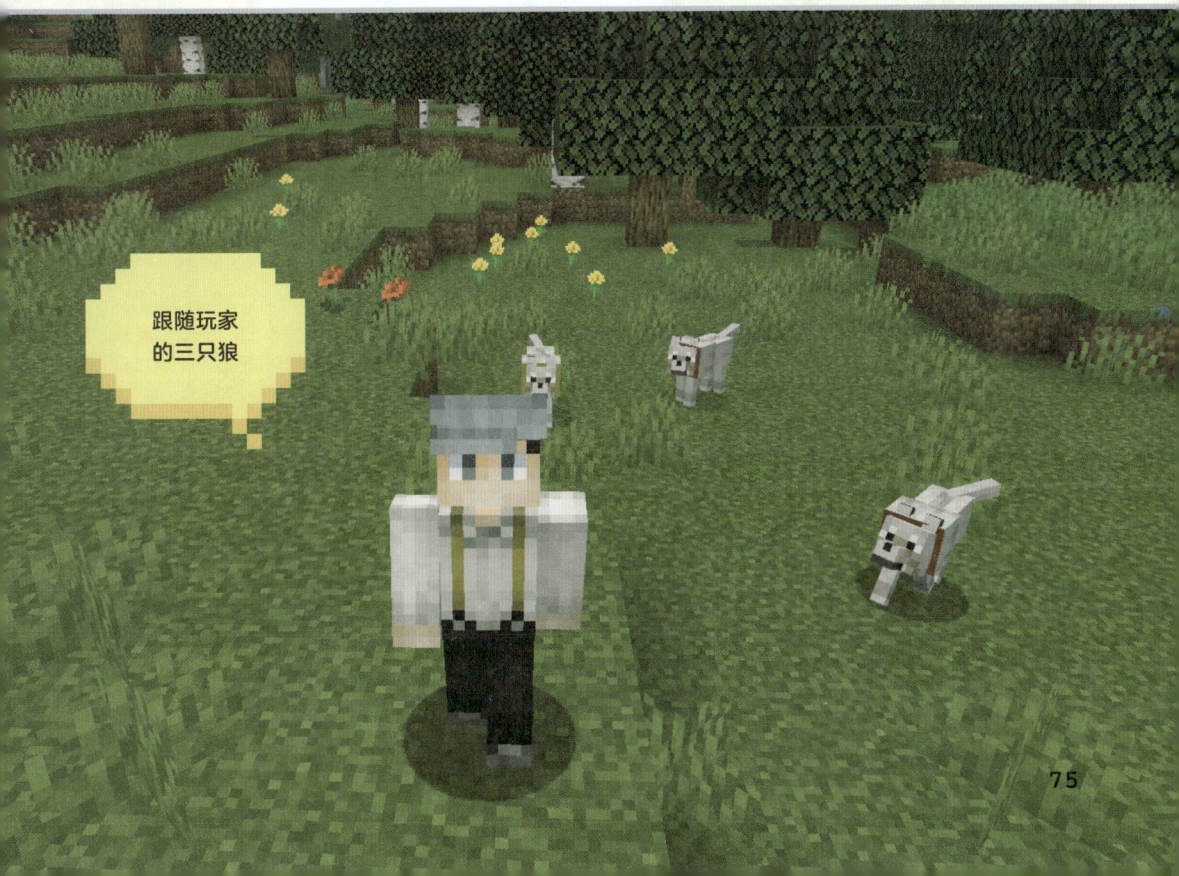

跟随玩家的三只狼

狗窝

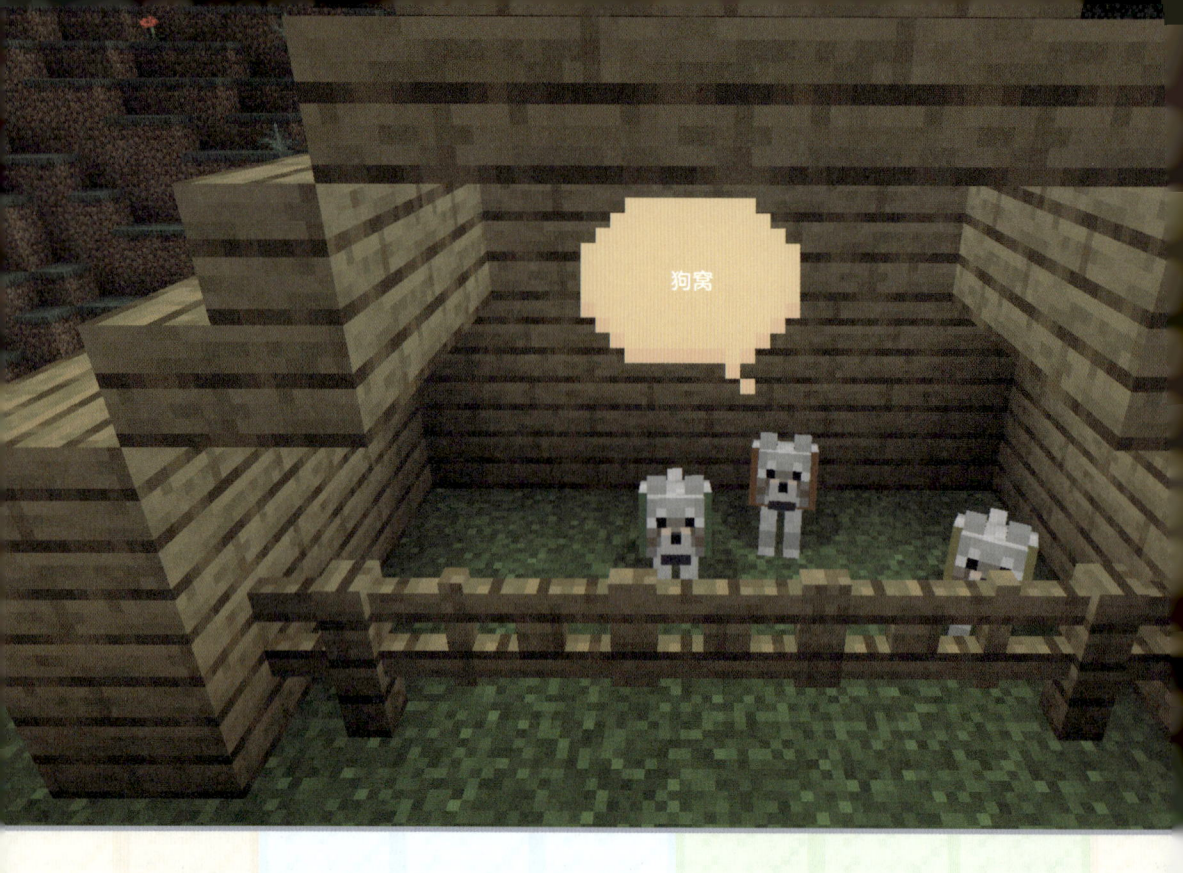

当你受到其他玩家或生物的伤害时，站着的狼会加入你的战斗，攻击对方。狼的伤害虽然不高，但群狼也能让对手措手不及。

战斗过后，别忘记为你的狼恢复生命值。狼的生命值越低，其尾巴就垂得越低。腐肉是喂狼最具性价比的食物，因为喂狼吃腐肉不会造成饥饿状态效果，当然也可以喂其他生肉和熟肉。

已驯服的狼也被玩家称作狗，它的生命值上限和玩家相同。当其生命值为满时，喂食它们能使它们繁殖，繁殖出的小狼也听令于玩家。

在多人游戏中，你可能需要保护你领地中的狼不被他人伤害。这时搭建一个狗窝就很有必要了。

你知道吗，Jellie是游戏主播GoodTimesWithScar饲养的猫，在2018年的一次社区投票中被选中，开发者将其外观加入了游戏。

你知道吗，游戏中的猫不会受到跌落伤害。

驯服猫

因为未驯服的猫会主动避开玩家。因此要想驯服猫，需要拿着生鳕鱼或生鲑鱼缓缓接近流浪猫，并使用鱼来喂猫。驯服成功后，猫的脖子上会出现红色的项圈。

猫和狼一样，会跟随玩家或直接传送到玩家身边。猫的项圈颜色也可以通过染料改变。不过猫比狼更加活泼黏人，喜欢围着玩家转圈，有时还会自己坐在床和箱子上，让玩家无法打开箱子。

当你睡觉时，已驯服的猫会走到你床边入睡。当你醒来时，有70%的概率它们会给你一件礼物，借此可以获得稀有的兔子脚、兔子皮和幻翼膜。

你知道吗，只有在满月时，村庄里才会自然生成黑猫。

下图展示了《我的世界》中的11种猫。

第一排从左到右是：黑猫、英国短毛猫、花猫。

第二排从左到右是：虎斑猫、布偶猫、红虎斑猫、波斯猫。

第三排从左到右是：西服猫、白猫、Jellie猫、暹罗猫。

游戏中的11种猫

肩膀上停着两只鹦鹉的玩家

驯服鹦鹉

鹦鹉自然生成于丛林生物群系中。可以给鹦鹉喂各类种子来尝试驯服它。驯服一只鹦鹉平均需要3颗种子。当鹦鹉被驯服之后，就可以控制它坐下和站起。

驯服的鹦鹉和猫与狼一样，会跟随玩家或直接传送到玩家身边。当你行走穿过鹦鹉时，它就会停到你的肩上。当玩家落入水中、受到伤害或是坠落时，鹦鹉会从玩家肩上飞走。

鹦鹉可以在水中扑翅游泳；在唱片机播放唱片时，会随之跳舞。

坐在玩家肩膀上的鹦鹉不会受到伤害。

鹦鹉会模仿20格内的敌对生物的声音，所以养一只鹦鹉可以让你发现看不见的危险。

鹦鹉饲养指南第一条：不要喂鹦鹉吃曲奇！喂鹦鹉吃曲奇会使其立即死亡，因为现实中巧克力对鹦鹉有较强的毒性。

捕鱼

当你打败了几只蜘蛛收集到2根线之后，你就可以制作一根钓鱼竿了。一根钓鱼竿可以钓鱼65次。

使用普通钓鱼竿钓鱼时，有85%的概率钓到鱼，还能获得经验。除此之外，还有可能钓到宝藏和垃圾。在Java版中，宝藏只能在开阔水域钓鱼时获得，即收竿前浮漂附近3格的方块只能是水和空气。所以，如果你需要命名牌、鞍、鹦鹉螺壳和30级附魔书，不妨试试钓鱼吧！

对着水面使用钓鱼竿，即可抛竿。浮漂下水后5～30秒不等的时间之后，会有一串气泡在水中游向浮漂，随后浮漂会向下沉。这时，再次按下使用键即可收竿，你钓到的物品会飞到你的物品栏中。

在上方有方块遮挡的水域钓鱼时，上钩时间会增加一倍。在下雨天钓鱼时，上钩时间会减少20%。

使用附有饵钓魔咒的钓鱼竿钓鱼时，上钩时间会减少。使用附有海之眷顾魔咒的钓鱼竿钓鱼时，会增加获得宝藏的概率。

物品	概率	物品	概率
生鳕鱼	51.00%	睡莲	1.70%
生鲑鱼	21.25%	皮革靴子	1.00%
热带鱼	1.70%	皮革	1.00%
河豚	11.05%	骨头	1.00%
鱼类合计	85.00%	水瓶	1.00%
		线	0.50%
命名牌	0.83%	钓鱼竿	0.20%

物品	概率	物品	概率
鞍	0.83%	碗	1.00%
附魔的弓	0.83%	木棍	0.50%
附魔的钓鱼竿	0.83%	十个墨囊	0.10%
30级附魔书	0.83%	绊线钩	1.00%
鹦鹉螺壳	0.83%	腐肉	1.00%
宝藏合计	5.00%	垃圾合计	15.00%

> 钓鱼时鱼咬钩的瞬间，浮漂向下沉

　　水域更新后，《我的世界》中的各个水体都焕发了新的生机，有鱼儿在水草和珊瑚间游弋。可以用桶装起这些鱼儿，放在家中观赏。它们也可以作为食物和骨粉的来源。

　　你和你的猫可能都想吃鱼了。要建造一个捕鱼机，需要先前往下界收集一些灵魂沙。摆在水底的灵魂沙可以在其上方形成一个向上升的气泡柱，将经过的玩家和生物送上水面。利用灵魂沙的这一特性，可以在河道中间建造捕鱼机。

捕鱼机 建造难度：★★★

捕鱼机下方的灵魂沙和气泡柱

提示
杀死实体鱼除了掉落生鱼，还有概率掉落骨粉。

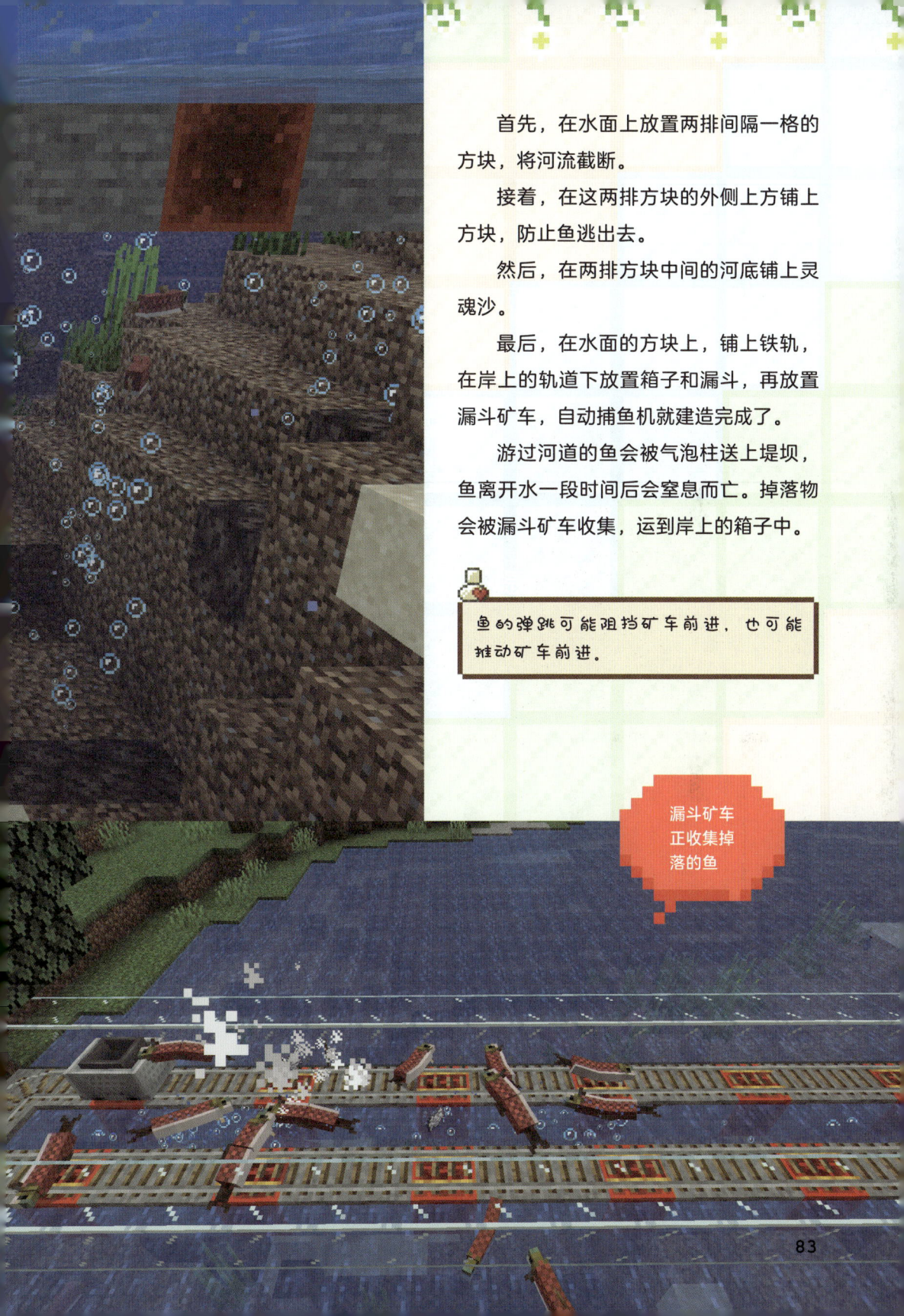

首先，在水面上放置两排间隔一格的方块，将河流截断。

接着，在这两排方块的外侧上方铺上方块，防止鱼逃出去。

然后，在两排方块中间的河底铺上灵魂沙。

最后，在水面的方块上，铺上铁轨，在岸上的轨道下放置箱子和漏斗，再放置漏斗矿车，自动捕鱼机就建造完成了。

游过河道的鱼会被气泡柱送上堤坝，鱼离开水一段时间后会窒息而亡。掉落物会被漏斗矿车收集，运到岸上的箱子中。

> 鱼的弹跳可能阻挡矿车前进，也可能推动矿车前进。

漏斗矿车正收集掉落的鱼

本地酿造厂：药水制造

导言

想为你的冒险锦上添花吗？神秘的药水可以带来奇特的效果。

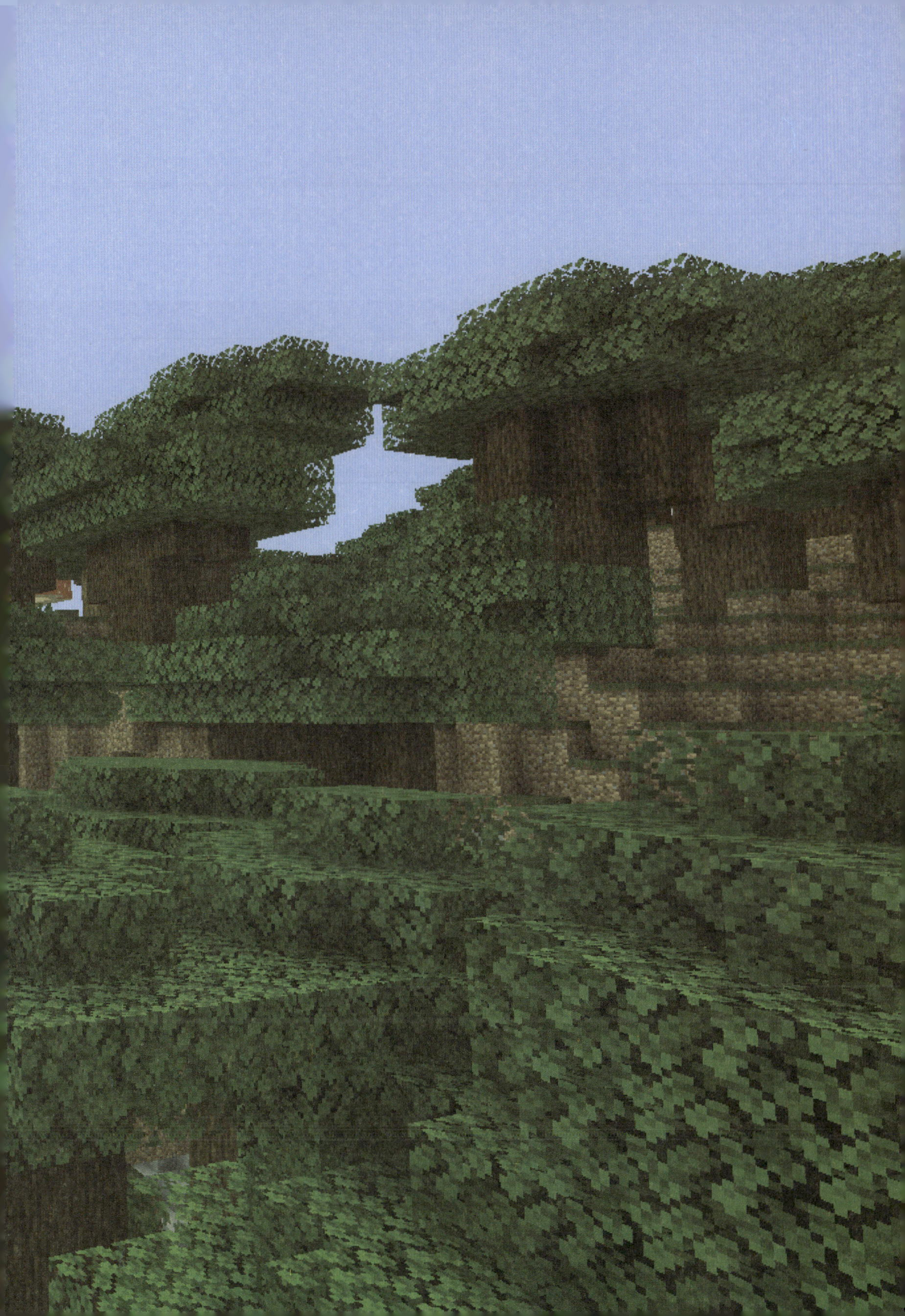

01 酿造机制

酿造台上有5个物品栏位：燃料槽、材料槽以及3个药水槽。玩家可以同时放入不同的药水，材料槽中的物品会同时对所有药水生效（如果能生效的话）。

酿造台的运作需要燃料。酿造台使用烈焰粉作为燃料，每份烈焰粉能使用20次。玩家可以将一整组烈焰粉留在酿造台的燃料槽中，这样可以使用1300次，需要7个多小时的不间断使用才能耗尽。

在酿造台上进行酿造需要20秒来完成。

酿造药水需要的物品的起点是水瓶，这可以通过一个玻璃瓶在水中或炼药锅中装水来获取。

酿造材料

基本材料

材料	用途
下界疣	加入水瓶来使其变为粗制的药水，绝大多数药水的基本材料
发酵蛛眼	腐化药水的效果，使其变为"相反"的效果
红石粉	延长药水的效果持续时间
萤石粉	提高药水的效果等级
火药	制作水瓶或药水的喷溅版本
龙息	制作喷溅水瓶或喷溅药水的滞留版本

酿造是在酿造台上制造和改造药水的过程。在酿造台被放置后，使用酿造台可打开其交互界面，在其中放入物品。

效果材料

材料	效果	腐化效果
糖	速度	缓慢
兔子脚	跳跃提升	缓慢
闪烁的西瓜片	瞬间治疗	瞬间伤害
蜘蛛眼	中毒	瞬间伤害
金胡萝卜	夜视	隐身
河豚	水下呼吸	不适用
岩浆膏	防火	不适用
烈焰粉	力量	不适用
恶魂之泪	生命恢复	不适用
幻翼膜	缓降	不适用
海龟壳	抗性提升 + 缓慢	不适用

02 药水大全

药水类型

药水有3种类型。所有类型的药水都可以被制成喷溅药水和滞留药水。

药水

常规的用于饮用的药水，在饮用后会返还玻璃瓶。这些药水带来的效果时间与其他类型的药水相比，通常是最长的。

喷溅药水

用于投掷并在命中方块或实体后破碎，对周围的生物施加效果。玻璃瓶会在这个过程中失去。施加的效果的时间取决于生物到药水命中位置的距离。

滞留药水

类似于喷溅药水，用于投掷并在命中方块或实体后破碎，玻璃瓶会在这个过程中失去。滞留药水在破碎后会释放一团状态效果云，通常能持续很长时间，位于其中的生物会被施加效果。滞留药水带来的效果时长相比其对应药水只有25%。

除投掷外，滞留药水也可以用于改造箭，将其制作为药水箭。

药水配方

基础药水

基础药水是没有效果的药水。

材料	说明
玻璃瓶	可以放入酿造台，尽管不能参与任何酿造
水瓶	未在酿造台上进行过任何操作的装有水的玻璃瓶
粗制的药水	在水瓶中加入下界疣得到，加入效果材料后可以获得进一步的效果
平凡的药水	将效果材料或红石粉直接加入水瓶而不是粗制的药水时得到，除浪费材料外没有任何用处。玩家可以将其喝掉来重新使用玻璃瓶
浓稠的药水	将萤石粉直接加入水瓶得到，除浪费材料外没有任何用处。玩家可以将其喝掉来重新使用玻璃瓶

效果药水

以下是所有药水的酿造方式，以及它们带来的效果。

基础药水	效果材料	药水	效果	延长版效果
粗制药水	糖	迅捷药水	速度 3:00	速度 8:00
	兔子脚	跳跃药水	跳跃提升 3:00	跳跃提升 8:00
	闪烁的西瓜片	治疗药水	瞬间治疗	不适用
	蜘蛛眼	剧毒药水	中毒 0:45	中毒 1:30
	金胡萝卜	夜视药水	夜视 3:00	夜视 8:00
	河豚	水肺药水	水下呼吸 3:00	水下呼吸 8:00
	岩浆膏	抗火药水	防火 3:00	防火 8:00
	烈焰粉	力量药水	力量 3:00	力量 8:00
	恶魂之泪	再生药水	生命恢复 0:45	生命恢复 1:30
	幻翼膜	缓降药水	缓降 1:30	缓降 4:00
	海龟壳	神龟药水	抗性提升 III 0:20 缓慢 IV 0:20	抗性提升 III 0:40 缓慢 IV 0:40
迅捷药水 跳跃药水	发酵蛛眼	迟缓药水	缓慢 1:30	缓慢 4:00
治疗药水 剧毒药水		伤害药水	瞬间伤害	不适用
夜视药水		隐身药水	隐身 3:00	隐身 8:00
水瓶		虚弱药水	虚弱 1:30	虚弱 4:00

增强版效果	效果影响
速度 II 3:00	速度：移动速度增加 20% 速度 II：移动速度增加 40%
跳跃提升 II 3:00	跳跃提升：跳跃高度增加 0.25 格，可以跳过栅栏和墙 跳跃提升：跳跃高度增加 1.5 格，可以跳过两格方块
瞬间治疗 II	瞬间治疗：恢复 4 生命值 瞬间治疗 II：恢复 8 生命值
中毒 II 0:22	中毒：生命值高于 1 时，每 1.25 秒受到 1 伤害 中毒 II：生命值高于 1 时，每 0.48 秒受到 1 伤害
不适用	夜视：所有区域以最高亮度显示
不适用	水下呼吸：停止氧气值的下降
不适用	防火：免疫火焰伤害
力量 II 3:00	力量：近战伤害增加 3 力量 II：近战伤害增加 6
生命恢复 II 0:22	生命恢复：每 2.5 秒恢复 1 生命值 生命恢复 II：每 1.25 秒恢复 1 生命值
不适用	缓降：限制摔落终端速度，并清除摔落高度计算
抗性提升 IV 0:20 缓慢 VI 0:20	抗性提升 III， 缓慢 IV：受到的伤害降低至 40%，移动速度降低至 40% 抗性提升 IV， 缓慢 VI：受到的伤害降低至 20%，移动速度降低至 10%
缓慢 IV 0:20	缓慢：移动速度降低至 85% 缓慢 IV：移动速度降低至 40%
瞬间伤害 II	瞬间伤害：造成 6 魔法伤害 瞬间伤害 II：造成 12 魔法伤害
不适用	隐身：生物将变得不可见，大幅降低被发现的范围，除了装备和部分生物部件
不适用	虚弱：近战伤害降低 4 虚弱 II：近战伤害降低 8

附录 A 进度与成就

Java版

图标	进度名称	描述
	本地酿造厂	酿造一瓶药水
	狂乱的鸡尾酒	同时拥有所有药水效果
	农牧业	世界无处没有朋友与美食
	与蜂共舞	利用营火在不惊动蜜蜂的情况下从蜂箱收集蜂蜜
	我从哪儿来？	繁殖一对动物
	永恒的伙伴	驯服一只动物
	眼前一亮！	让告示牌的文本发光
	腥味十足的生意	钓到一条鱼
	举巢搬迁	用精准采集移动住着3只蜜蜂的蜂巢
	开荒垦地	种下种子，见证它的成长

这里列出了本册书中涉及的游戏进度与成就。

图标	进度名称	描述
	涂蜡	将蜜脾涂到铜块上
	成双成对	繁殖每种动物
	百猫全书	驯服所有种类的猫
	战术性钓鱼	不用钓鱼竿抓住一条鱼
	均衡饮食	尝遍天下食材，即便是对身体不好的
	终极奉献	用下界合金锭升级一把锄，然后重新考虑你的人生抉择
	脱蜡	给铜块脱蜡
	最萌捕食者	用桶捕获一只美西螈
	友谊的治愈力！	与美西螈并肩作战并赢得胜利

基岩版

图标	成就名称	描述
	耕种时间到!	制作一把锄头
	烤面包	用小麦制作面包
	蛋糕是个谎言	蛋糕烘焙材料:小麦、糖、牛奶和鸡蛋
	本地酿造厂	配制一瓶药水
	美味的鱼儿	捕鱼,然后烹饪
	繁衍生息	用小麦繁殖2头牛
	兽群领袖	和5匹狼成为朋友
	猪排	烹饪并吃掉一个猪排
	盆栽者	制作并放置一个花盆
	强大的胃	吃腐肉充饥
	快快乐乐剪羊毛	用剪刀从羊身上剪羊毛

图标	成就名称	描述
	收集彩虹	收集全部 16 种颜色的羊毛
	扎染服装	使用炼药锅给所有 4 件独特的皮革盔甲染色
	上鞍	驯化一匹马
	人工选择	用马和驴繁殖一头骡子
	一个泡菜，两个泡菜，海泡菜，四个	在一个组中放置 4 株海泡菜
	动物学家	用竹子喂养 2 只熊猫
	吸猫体质	和 20 只流浪猫交朋友
	炖肉时间到	给某人一份迷之炖菜
	与蜂共舞	使用营火从蜂箱中收集蜂蜜，使用瓶子，并避免激怒蜜蜂
	举巢搬迁	使用精准采集，移动并放置一个内含 3 只蜜蜂的蜂巢
	涂蜡、脱蜡	为所有铜块涂蜡后再移除蜡
	友谊的治愈之力！	与美西螈并肩作战，赢得一场战斗